本书获得湖北省社科基金一般项目支助
本书获得江汉大学学术著作出版资助

地方政府经济
行为模式与经济增长

徐艳飞 著

中国社会科学出版社

图书在版编目(CIP)数据

地方政府经济行为模式与经济增长／徐艳飞著 . —北京：中国社会科学出版社，2019.7

ISBN 978-7-5203-4616-0

Ⅰ.①地… Ⅱ.①徐… Ⅲ.①地方政府-经济行为-研究-中国 Ⅳ.①F127

中国版本图书馆 CIP 数据核字（2019）第 117097 号

出 版 人	赵剑英
责任编辑	许 琳
责任校对	鲁 明
责任印制	郝美娜

出　　版	中国社会科学出版社
社　　址	北京鼓楼西大街甲 158 号
邮　　编	100720
网　　址	http://www.csspw.cn
发 行 部	010-84083685
门 市 部	010-84029450
经　　销	新华书店及其他书店

印刷装订	环球东方（北京）印务有限公司
版　　次	2019 年 7 月第 1 版
印　　次	2019 年 7 月第 1 次印刷

开　　本	710×1000　1/16
印　　张	12
插　　页	2
字　　数	203 千字
定　　价	68.00 元

凡购买中国社会科学出版社图书，如有质量问题请与本社营销中心联系调换
电话：010-84083683
版权所有　侵权必究

前　言

改革开放以来，地方政府积极介入、助力当地经济发展是中国经济增长奇迹的重要动力。本书以地方政府面临的客观环境→行为主体的意图和动机→行为本身→行为产生的结果这一完整行为因果链，深入研究地方政府经济行为模式对我国经济增长产生的影响。在市场化进程中，地方政府发展经济的积极性和主动性来源于中央集权下的晋升激励和财政激励。本书论述了地方政府集体官员的利益偏好是追求预算外收入，核心或高层官员在以经济增长为主要绩效考核指标的激励和约束驱动下，追求经济增长型的政治晋升。以此为逻辑起点，实证分析地方政府的利益偏好与经济增长的关系。研究发现，分税制改革以前，地方政府追求以国企留利为主的预算外收入可以显著促进经济增长，但经济增长反过来会对地方政府预算外收入的扩张产生制约效应。分税制改革以后，地方政府追求以土地出让金为主的预算外收入与经济增长二者相互促进。研究表明，分税制改革前后的两个时期经济增长型的政治晋升激励在地方政府多样化的激励偏好中处于主导地位总结，最后总结出分税制改革前后两个时期的地方政府经济行为模式分别是以"市场分割"为主要表现形式的经营企业行为模式和以"土地开发"为主要表现形式的经营城市行为模式。

经济可持续增长的源泉可以分解为全要素生产、产业结构、企业绩效、劳动供给和生态环境五部分，涵盖从宏观到微观各个层面。本书采用多种计量模型深入探讨不同时期地方政府经济行为模式对地区经济可持续增长能力的影响。研究发现：（1）地方政府经济行为模式对全要素生产率具有显著制约效应。对全要素生产率结构分解的进一步分析表明，两种经济行为模式的影响差异显著：分税制改革以前，地方政府市场分割的行为模式对全要素生产率和综合技术效率呈正 U 形关系，而对技术进步的影响不显著；分税制改革以后，地方政府土地开发的行为模式对全要素生产率和综合技术效率的负面效应不仅没有收敛反而呈加剧态势，但对技进步显示出微弱的促进作用。研究还发现，地方政府投资在地方政府经济行为模式对全要素生产率的影响中具有门限效应，经济行为模式的塑造需要政府通过投资予以强化。不同经济行为模式下政府投资对全要素生产率的影响具有显著差异：分税制改革以前，在地方政府市场分割的行为模式下，政府投资显著制约技术进步。分税制改革以后，地方政府的行为模式转变为土地开发，政府投资对技术进步的作用也由制约效应转变为促进效应。（2）地方政府经济行为模式对产业结构影响的实证研究表明，分税制改革以前，市场分割的行为模式加剧了地区产业同构，相邻地区的市场分割行为显著制约本地产业专业化。分税制改革以后，地方政府经营土地的行为模式对产业同构影响不显著，相邻地区政府经营土地行为有助于促进本地产业专业化发展。在市场分割模式下，地方政府投资加剧产业同构，抑制产业专业化发展，进入土地开发模式以后，政府投资对产业结构的影响不显著。（3）鉴于数据的可得性，本书主要检验了分税制改革以后地方政府土地开发行为模式对企业绩效的影响。结果发现，在控制了影响工业企业绩效的其他因素以后，地方政府土地开发行为模式显著制约企业绩效提升，其负面影响呈先减缓后增强的倒 U 形关系，对经营效益好的企业负面效应大于经营绩效差的企业，土地开发行为大大削弱了工业企业可持续发展能力。政府投资对企业绩效具有正负两种影响途径。在剥离了基础设施建设的影响后，政府投资对工业企业绩效具有明显制约作用，并对融资需求较为迫切的经营绩效最差和最好的工业企业的制约程度高于经营绩效处于中等的工业企业。分地区、分企业类型的进一步研究发现，地方政府土地开发行为对沿海地区、非国有企业或资本、技术密集型的企业绩效负面影响大于非同类工业企业。与此相反，政府投资对沿海地区、非国有企业和资本、技术密集型的企业绩效的负面影响要小于非同类工业企业。（4）地方政府土地开发行为模式对劳动供给具有显著的负面效应。这种影响在不同群体中存在显著差异：在城镇人口、流动人口和沿海地区表现尤为明显，在农村人口和内陆地区，房价上涨对劳动供给的影响则不显著。地方政府土地开发行为模式引发的房价上涨不仅对实体经济造成越来越严重的负面影响，而且会侵蚀社会劳动者工匠精神的传承与发扬。（5）本书采用动态面板系统 GMM 计量模型研究地方政府土地开发行为模式对能源消费的影响机制和传导途径。研究结果表明：地方政府土地开发行为模式可以同时促进经济增长和能源消费，但能源消费增长效应低于对经济增长的刺激作用，从而使得地方政府土地财政扩张可以降低能源消费强度。进一步研究发现，地方政府土地开发行为与能源消费强度呈正 U 形关系，与能源消费总量呈倒 U 形关系，显示土地开发行为抑制能源消费强度不具有可持续性。

本书的研究结果表明，市场化进程中地方政府自利的经济行为模式显著促进了经济增长，但对地区经济可持续增长的能力，如全要素生产率、产业结构、企业绩效、劳动供给和生态环境带来了严重的负面影响。在市场化前期，地方政府在资源配置中发挥重要作用。随着我国市场化机制不断完善，市场应取代政府对资源配置起决定性作用。但无论如何，"有为"的地方政府是我国越过中等收入陷阱、赶超发达国家的重要推动力量。因此，在市场化进程后期，我国首先需要优化地方政府的激励机制。鉴于中央政府权限下放使得地方政府纵向自主性不断扩张和横向集权显著增强的行政体制是地方政府政治晋升激励强于财政激励的制度基础，当前尤其要优化地方领导的绩效考核评价体系，破解地区经济长期发展形成的惯性与路径依赖，这是推动地区经济转型、升级的基础。其次，市场经济是法制经济，对于市场主体而言，"法无禁止则可为"，完善市场经济需扩展、保护企业等市场主体的合理自主性；对于地方政府而言，"法无授权不可为"，通过强化市场经济主体的自主行为空间，藉此限制地方政府对市场的随意干预。并且通过大力培育各类型中介组织，将地方政府的多种经济职能赋予中介机构，实现对市场主体的间接调控。第三，纠正地方政府投资失范。消除地方政府经营性投资冲动，削弱地方政府自利经济行为模式塑造的基础。第四，引入自下而上的监督，弥补中央政府的监管不足。

目　　录

第一章　绪论 …………………………………………………………（1）
第一节　选题背景及研究意义 …………………………………（1）
　　一　选题背景 …………………………………………………（1）
　　二　研究意义 …………………………………………………（2）
第二节　文献综述 ………………………………………………（3）
　　一　地方政府效用偏好与经济增长 …………………………（3）
　　二　地方政府经济行为表现 …………………………………（5）
　　三　地方政府经济行为与全要素生产率 ……………………（6）
　　四　地方政府经济行为与产业结构 …………………………（7）
　　五　地方政府经济行为与企业绩效 …………………………（9）
　　六　地方政府经济行为模式与劳动供给 …………………（10）
　　七　地方政府经济行为模式与生态环境 …………………（12）
第三节　研究思路、结构及研究方法 …………………………（13）
　　一　研究思路及框架 ………………………………………（13）
　　二　研究方法 ………………………………………………（16）
第四节　研究成就与不足 ………………………………………（17）
　　一　理论创新 ………………………………………………（17）
　　二　研究范式的创新 ………………………………………（17）
　　三　研究视角的创新 ………………………………………（18）
　　四　存在的不足 ……………………………………………（18）
第二章　地方政府经济行为的理论基础 ………………………（19）
第一节　地方政府经济行为组织层级的互动理论 ……………（19）
　　一　地方政府与中央政府经济博弈理论 …………………（19）
　　二　地方政府竞争理论 ……………………………………（20）
　　三　地方政府与辖区经济组织法团主义理论 ……………（22）

第二节　地方政府经济行为的激励理论 …………………………… (22)
　　　　一　财政激励 ………………………………………………………… (23)
　　　　二　政治晋升激励 …………………………………………………… (25)
第三章　现代化进程中政府经济行为的国际比较 ………………………… (27)
　　第一节　西方发达国家转型期的政府经济行为 …………………… (28)
　　第二节　"东亚模式"中的政府经济行为 …………………………… (30)
　　第三节　"拉美模式"中的政府经济行为 …………………………… (33)
　　第四节　后发国家赶超式发展下政府经济行为的规律 ……………… (35)
第四章　地方政府经济行为模式及其演变 ………………………………… (37)
　　第一节　地方政府自利行为产生的基础 ……………………………… (37)
　　　　一　地方政府角色的二重性 ………………………………………… (37)
　　　　二　地方政府自利属性外化的制度环境 …………………………… (38)
　　第二节　地方政府利益偏好与经济增长 ……………………………… (40)
　　　　一　研究思路及计量模型构建 ……………………………………… (40)
　　　　二　整体性分析 ……………………………………………………… (45)
　　　　三　阶段性分析 ……………………………………………………… (53)
　　　　四　地区差异分析 …………………………………………………… (55)
　　　　五　小结 ……………………………………………………………… (56)
　　第三节　地方政府经济行为模式的演变 ……………………………… (58)
　　　　一　以市场分割为主要表现形式的经营企业行为模式 ………… (59)
　　　　二　以土地开发为主要表现形式的经营城市行为模式 ………… (59)
第五章　地方政府经济行为模式对经济可持续增长的影响效应 …… (61)
　　第一节　地方政府经济行为模式与全要素生产率 ………………… (62)
　　　　一　研究框架 ………………………………………………………… (62)
　　　　二　计量模型及数据说明 …………………………………………… (64)
　　　　三　全要素生产率的整体分析 ……………………………………… (71)
　　　　四　结构分解 ………………………………………………………… (76)
　　　　五　小结 ……………………………………………………………… (80)
　　第二节　地方政府经济行为模式与产业结构 ………………………… (80)
　　　　一　产业结构演进态势 ……………………………………………… (81)
　　　　二　基础模型构建 …………………………………………………… (88)
　　　　三　空间面板回归 …………………………………………………… (93)

四　小结 ·· (99)
　第三节　地方政府土地开发行为模式与企业绩效 ················ (100)
　　一　土地开发影响企业绩效的内在机制及研究假说 ············ (101)
　　二　变量及数据描述 ·· (102)
　　三　分层线性回归 ··· (105)
　　四　面板分位数回归 ·· (108)
　　五　分地区、分企业类型的进一步分析 ························· (111)
　　六　小结 ··· (116)
　第四节　地方政府土地开发行为模式与劳动供给 ················ (117)
　　一　理论基础 ··· (117)
　　二　模型构建及实证检验 ······································· (123)
　　三　稳健性检验 ··· (129)
　　四　模型扩展 ··· (131)
　　五　小结 ··· (132)
　第五节　地方政府土地开发行为模式与能源消费 ················ (133)
　　一　影响机制及研究假说 ······································· (133)
　　二　模型与变量 ··· (135)
　　三　计量结果分析 ··· (137)
　　四　稳健性检验 ··· (141)
　　五　小结 ··· (141)
第六章　供给侧结构性改革下的地方政府职能转变 ············· (143)
　第一节　"供给侧结构性改革"的提出 ···························· (143)
　　一　供给侧结构性改革的现实背景 ····························· (143)
　　二　供给侧结构性改革的理论基础 ····························· (144)
　第二节　供给侧结构性改革下地方政府职能定位 ················ (145)
　　一　政府与市场 ··· (146)
　　二　中央政府与地方政府 ······································· (149)
　第三节　供给侧结构性改革下地方政府职能存在的问题 ······ (151)
　第四节　供给侧结构性改革背景下地方政府职能转变路径 ······ (152)
　　一　依法深化财税体制改革，健全财权与事权相统一、税收与
　　　　经济相协调的制度 ·· (152)
　　二　建立市场准入负面清单制度，减少政府在资源配置中的

　　　　　　行政干预 …………………………………………… (153)
　　　三　建立行业产能利用信息发布制度 …………………… (153)
　　　四　健全地方政府绩效考核制度 ………………………… (154)
第七章　重构地方政府经济行为逻辑，促进经济可持续增长 …… (156)
　第一节　主要结论 ……………………………………………… (156)
　　　一　地方政府利益偏好与经济增长的结论 ……………… (156)
　　　二　地方政府经济行为模式与全要素生产率的结论 …… (157)
　　　三　地方政府经济行为模式与产业结构的结论 ………… (157)
　　　四　地方政府土地开发行为模式与企业绩效的结论 …… (158)
　　　五　地方政府土地开发行为模式与劳动供给的结论 …… (159)
　　　六　地方政府土地开发行为模式与能源消费的结论 …… (159)
　第二节　重塑地方政府行为因果链，优化资源配置 ………… (160)
　　　一　优化激励机制，抑制地方政府自利偏好膨胀 ……… (160)
　　　二　扩展市场主体合理自主权，限制地方政府自利行为的
　　　　　侵入 ……………………………………………………… (163)
　　　三　纠正地方政府投资失范，削弱自利行为模式塑造的
　　　　　基础 ……………………………………………………… (164)
　　　四　引入自下而上的监督与约束，弥补中央政府的监管
　　　　　不足 ……………………………………………………… (165)
参考文献 ………………………………………………………… (167)

第一章 绪论

改革开放以来，中国经济持续保持高速增长，创造了经济增长的奇迹。许多学者从多个角度探究中国"经济奇迹"的内在动因，弗里德曼曾对此预言，谁弄懂了奇迹发生的根源，谁就可能获得诺贝尔奖。在向市场化经济迈进的过程中，中国经济增长的动力机制与其他国家存在较大差异。现在多数学者认同，创造中国"经济奇迹"的行为主体中，政府尤其是地方政府的贡献功不可没，一些学者甚至认为，地方政府事实上主导了地区经济发展。地方政府推动地方高速增长的同时，也带来了很大负面效应，诺斯悖论形象描述了政府在经济发展中的双重性作用。[①] 目前学者对我国地方政府推动经济增长的内在机理已经有了较多的理论分析基础，但尚需未形成一个完整的体系。另一方面，对地方政府经济行为的界定及实证研究多是从主观入手，缺乏从行为主体的动机以及由此衍生出的行为本身到行为所产生的主要结果这一完整的行为因果链进行深入的学理性分析，导致地方政府行为的研究缺乏理论支撑和逻辑自恰。本书的研究希望能在此基础上做一拓展与深化，为今后政府与市场关系的协调，实现市场在资源配置中的决定性作用和更好发挥地方政府作用提供一些理论基础和经验支持。

第一节 选题背景及研究意义

一 选题背景

市场化进程中，中国经济保持三十多年持续高速增长。经济体制的变革激发了原本受束缚的企业和个人的积极性和创造性。伴随这一过程的还

---

① 诺斯认为，"国家的存在是经济增长的关键，然而国家又是经济衰退的根源"。

有中央政府以放权为主要特征的行政体制和财政体制改革，调动了地方政府发展经济的激情。地方政府热衷于经济增长主要源于"经济人"属性，体现在政府机构的官员群体与其他从业人员一样，都是由具有个人动机和个体效用偏好的理性"经济人"组成。公共选择理论认为，政府只是一个抽象的概念。作为理性"经济人"，在一定约束条件下官员个体必然有追逐自我利益最大化的强烈动机，并选择能为自己带来最大满足的行为策略。由于政治体制的差异及发展经济的迫切性，我国从中央到地方政府并没有像西方国家政府那样扮演"守夜人"的角色，这是我国地方政府能够实现自身利益偏好的制度基础及外在环境。"经济人"属性的强化削弱了地方政府作为"公共人"提供公共管理与服务的职能，并且使得地方政府从自我利益出发，其行为特征呈现一定的短期性、变通性和随意性。此外，由众多异质官员构成的地方政府效用偏好也呈多样表现。利益的多重取向决定了地方政府的行为不可能是纯粹的上行下效或一心为民（刘承礼，2009），而是在既有环境约束下以自身利益偏好为动力的行为选择。

改革开放以后，计划经济体制时期高度集中于中央政府的经济管理权和财政收支权下放给地方政府，为了发展经济，地方政府不仅通过投资、扭曲资源配置等直接介入经济的具体活动中，地方政府个体行为特征会受到特定地区的资源禀赋和技术条件的影响，同时作为一个群体，呈现某种普遍性的地方政府自利经济行为表现（可称之为"行为模式"）深刻影响地区经济发展。可以说在改革的进程中，地方政府已经深深卷入市场经济之中，事实上成为地区经济发展的主导力量。研究我国经济增长，如果回避地方政府发挥的作用，那么所得出的结论是难以令人信服的。那么在市场化进程中，具有普遍性的地方政府经济行为表现是什么？其演变规律及内在行为逻辑又是什么？对地区经济可持续发展产生何种影响？如何约束地方政府的自利偏好产生的负面效应？这都需要理论结合实践认真进行深入讨论。

二 研究意义

（一）理论意义

由于地方政府发展经济的"财政激励"与"政治晋升激励"理论存在着严重分歧，目前相关的研究分别从这两个角度进行理论与实证研究证实各自激励理论的合理性，并借此削弱对方理论存在的基础。对地方政府两种激励理论研究的不兼容严重制约地方政府经济行为逻辑的深入研究，本书重点攻克的理论问题就是将财政激励与晋升激励理论二者融合，为扩展相关研究打下理论基础。

(二) 实践意义

从已有研究文献来看，相关研究还停留在地方政府发展经济的财政激励与政治晋升激励的理论分歧及实证检验上，系统研究地方政府经济行为对经济绩效影响的成果非常欠缺。边沁（2000）认为理解行为因果链需从客观环境→行为主体的意图和动机→行为本身→行为产生的主要结果这一过程来分析，目前对地方政府行为模式的研究尚处在前半部分。研究的滞后除了有理论分歧导致进展缓慢外，还有相关数据收集的困难，这直接制约了学界对地方政府在实际经济发展中所起作用的准确认识。从计划经济向市场经济的转型过程中，地方政府推动经济增长起到重要的作用，同时也产生了严重的负面效应，这也是倡导自由市场化的学者责难政府干预经济的主要论据基础。为了实现赶超战略和跨越式发展，地方政府的经济行为仍将长期存在。因此，客观评价地方政府在我国改革开放前三十余年经济发展中起到何种作用，有哪些成功经验，存在哪些不足，厘清这些有助于今后中央—地方规则制度完善，规范、引导地方政府行为以更好地发挥地方政府的作用，实现经济转型和可持续发展具有重要的启示意义。

第二节　文献综述

一　地方政府效用偏好与经济增长

改革开放以来的市场化进程中，行政集权下的中央政府向地方政府下放部分行政审批权、资源配置权和经济发展的自主权，地方政府逐渐成为具有相对独立经济利益的准市场主体，调动了发展经济的积极性。地方政府发展经济的激励驱动，学术界主要是从财政激励和政治晋升激励两条线展开。

学者均认识到财政激励对地方政府行为的重要作用。Blanchard 和 Shleifer（2000）通过对比中国与俄罗斯两国地方政府在财政分权后截然迥异的经济表现，认为政治集权下的经济分权使地方政府获得足够的激励和约束，促使其互相竞争，实现地区经济持续增长。Maskin 和 Qian 等（2000）认为，中国政治集权下的财政激励是一种驱好（race to top）的标尺竞争。林毅夫和刘志强（2000）、沈坤荣和付文林（2005）等利用省级面板数据检验了财政分权有助于提高人均 GDP，证实了财政分权理论在中国成立。一般认为，财政分权给予地方政府更多的经济行为自主性，有助于提高整个经济体系的运作效率，分权引发的竞争机制也有可能使得资源配置更趋合理（周飞舟，2006）。陶然等（2009、2010）从中央政府与地方政府和地方政府与企业两个视角的关系变化指出，地方政府财政收入的激励是中国发展模式转变的内在激励。保持政府间支出责任的财政收入集权式的分税制改革导致地区"竞次式"（race to bottom）发展，但这种模式不具可持续性。政治晋升激励是对地方政府官员深层次的激励动机与经济增长的关系展开研究。周黎安（2004、2007）认为，中央政府集权下的地方政府官员晋升与当地经济发展的绩效密切相关，地方官员之间围绕 GDP 增长而展开的"晋升锦标赛"模式是理解政府激励与增长的关键线索之一，政治集权下晋升锦标赛的激励机制是中国经济奇迹的重要根源。"晋升锦标赛"理论的提出引发了学术界的广泛关注。Tsui 和 Wang（2004）、Chen 和 Li（2005）等证明了这种激励机制的有效性。

　　由于财政激励和政治晋升激励难以融合，一些学者在力证自己所信奉激励理论的同时，还用经验检验反证对方理论的错误。王贤彬和徐现祥（2008）发现，得到晋升的省级官员在任期间的经济绩效并不显著。徐现祥和王贤彬（2010）运用省级官员的面板数据定量分析发现，政治激励对地方官员发展经济的激励作用是有条件的，因年龄和任期而异。陶然等（2010）也提出质疑，利用经验数据反驳晋升锦标赛的相对绩效影响官员提拔的结论。学者结论不一，姚洋和张牧扬（2013）对此指出，政治激励的结论差异源于解释变量位置互换导致偏相关关系定义的不同、省级官员晋升存在较多政治因素影响等诸多原因，并采用政治考虑相对较少的地市级官员样本数据研究得出，官员绩效对晋升具有整体显著性。晋升锦标赛的激励机制具有晋升职位的动力和淘汰出局的压力两个效应，经济增长虽不必然带来官员职位晋升（正向激励），但至少有助于保持现有职位不被降低（负向激励）。从这个意义上讲，经济增长式的政治晋升激励是客观存在的。

　　综合上述分析，财政激励和政治晋升激励是地方官员的激励基础，现有的研究难以将二者融合，制约了地方官员激励机制研究的深度和广度。动机多样化的地方官员构成的政府作为"理性人"的利益需求是多方面、多层次的，转型时期地方政府行为的激励动机尚没有形成一个统一的理论体系，多数学者只是从综合激励动机的某一方面研究与经济增长的关系。李学文等（2012）虽然从理论上指出了由众多异质个体官员构成的地方政府的集体利益激励是追求预算外收入，但与地方政府集团内的权威领导追求政治晋升的个体利益偏好的关系是相互排斥，还是共同促进，却语焉不详。在中国转型时期，地方政府集团内中下层官员的效用偏好与高层官员的偏好，地方政府利益偏好与中央政府实现整体经济增长目标的关系究竟如何，不同时期和地区是否存在差异，需要实证检验。这将有助于厘清我国经济在过去40年保持高速增长的内在机制，客观评价地方政府在我国改革开放和经济发展中的历史地位，对于我国未来市场化完善和地方政府的职能定位具有重要的参考价值。

二 地方政府经济行为表现

已有研究文献从不同角度描述地方政府的行为特征，进而总结出不同类型的地方政府行为。部分学者根据地方政府行为的伦理价值判断，划分地方政府行为表现。陈抗等（2002）根据地方政府行为的利益导向，将地方政府行为划分为"援助之手"与"攫取之手"两种行为表现，并以预算内收入所占比重衡量"援助之手"，以预算外收入所占比重测度"攫取之手"。章文光和覃朝霞（2010）在讨论地方政府经济行为变异的问题时，笼统地将地方政府行为划分为积极行为和消极行为两种形式。也有部分学者根据地方政府行为的特征，界定地方政府行为表现。朱玉明（2006）将地方政府行为归结为发展、改革和稳定三种基本行为，在政治与经济等多重利益的驱动下，地方政府为谋求利益最大化，会在三种基本行为的相对位次做出判断和选择，从而形成某种均衡。刘强（2007）进一步将地方政府经济行为置于经济和政治双重竞争环境中，认为在中央与地方的纵向关系中，地方政府经济行为表现为经济博弈与政治服从，呈现政治属性约束经济属性的特征。在地方政府间的横向关系中，地方政府经济行为表现为经济竞争与职位晋升竞争，呈现政治属性强化了经济属性的特征。李常理（2011）认为，地方政府行为的本质特征是发展导向型的，因而地方政府最具代表性的经济行为可以归纳为发展导向型经济行为、制度创新行为、地方政府竞争行为和中央—地方博弈行为四个方面，后三个行为是由第一个行为特征所派生出来的。此外，部分学者根据地方政府行为的外在表现，将地方政府的行为直接量化为某种具体行为实践，这在实证性的研究文献中最为常见。郭庆旺和贾俊雪（2006）在研究地方政府行为对宏观经济稳定影响的数理模型分析中，将地方政府行为等价于利用税收和土地优惠政策的违规引资行为。段国蕊和臧旭恒（2013）在实证研究财政分权和地方政府行为对资本深化的影响时，用金融发展指标、地方国有经济占比与地方—中央财政收入之比的交互项衡量地方政府行为对经济的干预程度。

上述文献从不同的角度描述地方政府行为，虽然有助于多视角、多层面了解地方政府行为特征，但也存在着一个突出的问题，即对地方政府行为的界定比较凌乱。尤其是实证研究的相关文献，由于缺乏理论基础和逻辑框架，对地方政府行为的代理变量选择较为主观和随意。地方政府行为的认识存在以偏概全的逻辑错误，难以抓住地方政府带有规律性、普遍性的行为表现。李学文等（2012）以地方政府的集体利益激励是预算外收入，以此为逻辑起点，得出地方政府的行为模式在不同的约束条件下有不同的表现：分税制改革以前，地方政府以市场分割为主要表现的经营企业行为模式；分税制改革以后，地方政府行为模式转变为以土地开发为主要表现的经营城市行为模式。李学文等的研究成果逻辑严谨，为后来者研究地方政府经济行为模式奠定深厚的理论基础。

三　地方政府经济行为与全要素生产率

国外直接研究政府经济行为的绩效成果不是很多，主要是西方经济学一直秉持亚当·斯密国家"守夜人"的角色，政府（包括地方政府）对经济的直接干预很少。相关的研究主要集中在政府公共投资对经济增长和生产率的影响，一般认为公共投资有助于促进全要素生产率增长。Fedderke（2009）利用南非制造业1970—2000年的面板数据并控制基础设施潜在的内生性问题，得出基础设施投资对经济增长和全要素生产率具有显著正向影响。Sharma和Sehgal（2010）对印度1994—2006年行业层面数据的经验研究表明，基础设施对全要素生产率和技术效率具有促进作用。Adamopoulos（2011）在标准的农业与非农业两部门模型中引入运输部门，研究结果表明，主要由运输成本高昂和基础设施存量不足导致的低运输效率可以扭曲产业间和部门间的资源配置，其隐喻在运输效率不足的地区增加基础设施投资可以提高生产率和居民收入福利。一些国内学者结合我国实际也做了很多实证研究。杨元泽和赵会玉（2010）利用1978—2007年省级面板数据检验得出，公共支出偏向的攀比竞争不利于政府支出效率的提升，基础设施竞争也会对全要素生产率产生负影响。刘秉镰等（2010）对1997—2007年省级面板数据采用空间误差模型和空间滞后模型研究发现，交通基础设施对全要素生产率具有显著正向影响，其中高速公路和铁路基础设施带动作用最为明显，并且空间外溢效应大大高于直接效应。张浩然和衣保中（2012）基于2003—2009年中国城市面板数据采用空间杜宾模型检验发现，通信基础设施和医疗条件、人力资本和交通基础设施均可以显著促进全要素生产率，但前者对临近城市外溢效应显著而后者表现不甚明显。曾淑婉（2013）采用动态空间面板模型考察1998—2010年财政支出对全要素生产率增长的影响，财政支出规模的扩大对全要素生产率增长和技术进步具有显著推动效应。其中，教育、公共服务和社会保障就业支出可以促进技术进步并且具有正向空间溢出效应。

市场化进程中，我国地方政府角色的"经济人"特征胜于"公共人"特征，这与西方成熟的市场经济体制截然不同，其经济行为直接影响到经济表现。毛其淋和盛斌（2011）利用1985—2008年省级面板数据，通过2SLS检验地区市场分割的反面——地区市场整合对全要素生产率的影响，发现区域市场整合有利于提高全要素生产率，亦即表明地方政府区域市场分割行为阻碍全要素生产率增长。简泽（2011）进一步利用技术水平高低不同的四类企业层面数据研究发现，地区市场分割和金融市场不完全造成产品与要素市场扭曲，进而导致制造业企业全要素生产率的损失。

从已有相关研究文献来看，系统研究地方政府经济行为与全要素生产率的成果非常欠缺。相关研究还停留在地方政府发展经济的财政激励与政治晋升激励的理论分歧及实证检验上。地方政府主导的经济增长模式是否可持续，它对于经济可持续增长的源泉——全要素生产率又产生了何种影响，还有待进一步实证检验。

四 地方政府经济行为与产业结构

地区产业结构演进需从地区产业专业化和产业差异化两个方面衡量。地区产业专业化是在市场机制作用下，企业受外部经济、地区资源禀赋和规模经济的诱导使具有关联效应的企业在空间聚集以降低生产成本。以克鲁格曼为代表的新经济地理学派对此进行拓展，认为市场规模和历史偶然事件使产业区位在循环累积因果链的自我实现机制中被锁定。由此可见，地区专业化是以市场机制和生产要素自由流通为前提，市场分割、贸易壁垒必然会阻碍产业专业化发展。关于地方政府经济行为与产业结构的研究，国外的相关成果很少见，源于发达国家主要以市场机制配置资源，地方政府介入经济活动的权限受到制约。由于我国地方政府对经济活动的干预较多，相关的研究成果较为丰富。Young（2000）通过对我国行业部门的演变分析得出，改革开放以后地方政府为获取更多经济收益，竞相发展高利润行业，行业激烈竞争加剧地区市场分割和贸易壁垒，地区产业重复建设脱离比较优势扭曲了产业结构。白重恩等（2004）以利税率和国有资本比重作为地方保护主义的代理变量，利用1985—1997年的省级面板数据检验进一步发现，地方保护显著制约产业集中度。孙晓华等（2013）对2001—2008年我国省级面板数据的实证研究证实，地方保护主义对地区专业化具有显著负面效应。王凤荣和董法民（2013）用国有部门就业比重、政府消费支出占 GDP 比重作为地方保护主义强弱的代理变量，研究也得出一致结论，即"以邻为壑"的消极竞争行为阻碍地区产业专业化发展。

许多学者探讨了地区产业趋同的内在激励，进而分析产业趋同与地方保护的关系。胡向婷和张璐（2005）以地区贸易成本和政府直接投资作为地方政府行为变量构建理论模型和实证检验得出，地方政府提高贸易壁垒、增加贸易成本导致产业趋同，但实证检验发现，政府投资有助于产业结构的差异化。张晔和刘志彪（2005）建立的古诺—纳什均衡羊群模型，认为地方政府官员的相对业绩比较的激励机制和害怕落后的风险规避态度是中国产业结构趋同的根本原因，但个体的这一理性行为导致集体行动的无效率。王燕武和王俊海（2009）建立的不完全信息动态博弈理论认为，晋升激励和经济收益在地方政府效用函数中所占比重的大小影响后发地区政府选择模仿战略的概率，晋升激励不仅依赖相对绩效还依赖于绝对绩效，并用1999—2007年省级面板数据验证了我国产业结构趋同主要是由 GDP 增长率等绝对绩效指标带来的晋升激励扭曲，地方政府追求财政收益有助于产业结构差异化。在地区产业同构与地方政府行为的因果关系分析中，另一些学者认为是产业同构导致了地方保护主义，并用很多理论模型及经验检验加以佐证。刘瑞明（2007）建立的理论模型得出的逻辑是经济模仿发展战略导致产业同构，加剧产品市场与原材料市场的争夺，进而引发地方保护与市场分割。黄赜琳和王敬云（2007）研究发现，地区贸易壁垒大小与产业属性密切相关，三次产业的贸易壁垒从大到小依次为第一产业、第三产业和第二产业。

综合已有的相关研究成果发现存在以下几个问题：一是地方政府与产业结构的关系多是从地方政府竞争角度切入，难以抓住地方政府这一群体具有的共同行为特征，即行为模式。由于缺乏理论支撑，多数文献中对地方政府行为的论述较为含糊，对地方政府行为的界定较为随意，如以国有企业比重或财政收入占 GDP 比重表征地方政府行为显然有待商榷。二是单从地区专业化系数或产业同构系数（或差异系数）刻画地区产业结构变迁可能较为片面，樊福卓（2007）专门对此研究后指出，地区相对规模的差异使得地区专业化系数和产业差异化系数的变动会出现分离。本书的研究正可以弥补已有研究文献的缺陷与不足。

五　地方政府经济行为与企业绩效

分税制改革以后，尤其是 1998 年以来，地方政府普遍兴起"土地开发"的热潮，地方政府的行为模式也从分税制改革以前的"市场分割"的经营企业行为转变为"土地开发"的经营城市行为。

现有对企业绩效的研究，主要从企业层面如薪酬差距（刘春和孙亮，2010）、亲缘关系（李婧等，2010）、企业家资本（郭立新和陈传明，2011a、2011b）、高管更替（刘新民和王垒，2012）、公司治理（杨典，2013）等角度探索某种因素对企业绩效的影响。宏观研究的文献已经较为丰富，对经济发展的微观主体——企业具有何种影响，一直缺乏系统的理论分析和坚实的实证研究，从而使得地方政府行为尤其及近些年来"土地开发"对企业的影响认识不足，对产业结构转型滞后的机理缺乏微观层面的剖析。如何将微观企业绩效研究结合宏观环境，将宏观经济发展融合微观经济基础的计量分析是未来研究的重要方向。在这方面，张杰等（2010）做出了有益探索，他们从本土企业和外资企业两个视角分析了市场分割如何影响企业出口，将两个不同层面的影响因子相结合，使宏观研究具有了微观基础，但其研究方法存在着不足，对两个不同层面的数据简单采用固定效应回归会产生较大偏误。本书采用分层线性模型就是针对多层数据经济关系的计量分析，可以弥补方法上的不足，并同时采用面板分位数模型探究从分税制改革以后地方政府"土地开发"的经济行为模式对企业绩效的影响。

从已有研究文献来看，宏观研究土地开发对工业和地区经济增长的文献较为常见，从微观层面研究地方政府土地开发对工业企业绩效影响的文献尚未见到。与本书研究主题相对接近的是关于房地产业膨胀导致制造业衰退的文献，范言慧等（2013）从理论和实证研究得出，房地产业的过度繁荣会引发制造业的"荷兰病"，其传导渠道是房地产业的扩张一定程度上引发本币升值和劳动力成本上升，导致制造业衰落，其中对劳动密集型和资本密集型产品出口的负面影响最为显著。房地产业对制造业的影响具有多条传导路径，本书研究是其拓展，进一步深化房地产业对制造业影响的传导机理。当前我国经济发展进入新常态，面临着经济增长动力切换和发展方式转变的机遇和挑战。本书的研究有助于客观认识当前房地产业进入的周期性调整，为经济体制改革、更好调动地方政府的积极性提供可靠的经验证据支撑，助力推进我国经济转型和可持续增长。

六 地方政府经济行为模式与劳动供给

将劳动供给纳入地方政府经济行为模式研究框架的成果目前较为少见，与之相关的研究是房价上涨对劳动供给影响的研究文献。很多学者研究发现，分税制改革以后，地方政府土地开发的行为模式导致房价持续上涨。从实证角度看，房价上涨变量可以作为地方政府土地开发行为模式的代理变量，房价上涨对劳动供给影响效应可以作为地方政府土地开发行为模式对劳动供给影响的结论具有理论基础和逻辑一致性。

1998年住房分配货币化改革释放出巨大的居住需求，极大推动我国经济增长，房地产甚至一度成为我国的支柱产业。十余年来，房价爆涨引发社会资本脱实向虚导致制造业萎缩。房价上涨扭曲产业结构引发生产要素在空间上重新组合，必然影响地区劳动供给。劳动供给可分为个体劳动时间供给和市场劳动数量供给两种：前者是指个人劳动主体决策劳动和闲暇组合效用最大化下的劳动时间供给；后者是前者的数量累加。从宏观角度看，区域房价差异是影响东、中、西部地区产业转移和产业升级的一个重要因素，城市相对房价升高，抑制农村劳动力流入（高波等，2014；李勇刚和周经，2016），导致相对就业人数减少，促使产业价值链向高端攀升（高波等，2012）。现有研究还发现：房价对劳动力流动存在着拉力和阻力两方面的作用，在房价较低时，其上升的拉力促进劳动力流入；当房价超过一定临界值时，房价上升带来生活成本上涨等阻力成为主导力量，即房价对地区劳动数量供给存在"倒U形"影响（张莉等，2017）。

  本书研究的劳动供给主要侧重从微观角度分析个体劳动时间供给。传统经济学认为，劳动工资率产生的替代效应和收入效应使劳动者在既定的时间约束下合理安排劳动和闲暇时间实现最大的效用满足，从而使劳动供给曲线呈现为一条向后弯曲的倒C形曲线。这为本书研究房价上涨对个体劳动时间供给的影响提供重要的理论基础。作为普通家庭，商品住房是家庭财富的主要构成和最大投资，房价上涨将会打破原有家庭的资产负债平衡，家庭财富的变化也会显著影响个人行为决策。从已有研究文献来看，有关房屋等不动产的财产性收入对劳动供给的影响研究还比较少见。韩公萍（2009）、Ehrenberg et al.（2011）认为，财产性收入的增加，意味着劳动收入份额下降和闲暇机会成本降低，会降低劳动供给意愿。但是，也有学者对此提供异议，戈艳霞和张彬斌（2018）基于中国家庭追踪调查（China Family Panel Studies，CFPS）微观数据，采用倾向得分匹配方法研究发现，当前中国居民家庭财产性收入增加不仅没有导致劳动者减少劳动供给，反而对劳动供给具有明显的促进作用。

  那么，地方政府土地开发行为模式导致的房价上涨会对劳动供给产生什么影响呢？房价上涨对于有房者家庭而言，意味着财产性收入的增加和闲暇机会成本的降低。而对于未购房者家庭而言，影响效应正好相反。因此，房价上涨对劳动供给的影响与财产性收入增加影响劳动供给虽有部分共同的理论基础，但并不完全等同。Campbell和Cocco（2007）利用英国1988至2000年家庭消费调查数据研究得出，房价上涨会通过感知财富（perceived wealth）增加刺激个人消费。Zhang和Feng（2018）利用CFPS2010—2012的面板数据研究发现，房价每上涨1%，旅游消费增长0.4%。从这两篇文献可以间接推知：劳动者个体在既定时间约束下，休闲和消费的增加必然会减少劳动时间供给。近两年来，房价变动如何影响劳动供给引起国内外部分学者的兴趣。Disney和Gathergood（2016）利用英国家庭调查数据研究发现，房价对劳动力供给行为有显著负向影响，尤其是在已婚妇女和年长男性劳动者群体中，房价上涨10%将导致已婚妇女和年长劳动者劳动供给数量分别减少1.3%和4.4%。除英国外，房价上涨抑制劳动供给也分别在澳大利亚和美国得到验证（Atalay et al. 2016；Milosch，2016）。伴随着房价的快速上涨，国内也有学者开始关注房价对劳动供给的影响。吴伟平等（2016）认为，房价上涨会通过财富效应、房奴效应和预期效应影响女性劳动参与概率，并基于 CHNS 数据研究发现，房价上涨对有房产的家庭女性劳动参与概率影响显著为负，而对无房产的家庭女性劳动参与概率显著为正。此外，也有学者研究房租收入对劳动时间供给的影响，刘琳（2017）采用 2010 年中国家庭追踪调查数据研究发现，房租收入对工作时间具有显著的负向影响，并且这种影响在劳动时间相对较灵活的农村地区和女性群体中更为明显。

自住房货币化改革以来，房产作为家庭的主要财富，房价上涨将会对劳动供给产生显著影响。从已有相关文献来看，研究房价对劳动供给的文献还不多，尤其是从微观层面研究房价上涨对个体劳动时间供给影响的成果非常少见。检索到国内已有的两篇文献主要研究房地产等相关价格对女性就业者工作时间的影响，房价上涨对普通劳动者工作时间的影响没有提及。房地产业过度扩张抑制工业企业技术进步和产业结构转型升级，过度依赖房地产的发展模式已难以为继，当前国内经济正处于三期叠加的过渡期和增长动力转换的调整期，外部则面临着发达国家的贸易壁垒和技术封锁，通过国外技术溢出获取先进技术遇到极大阻碍。我国只有立足自主技术创新，通过创造性毁灭引导产业转型升级才是发展之道。世界经济发展史表明，企业家精神和工匠精神是制造业崛起的核心要义。二十余年的房地产业发展，不仅给制造业带来物理性的扭曲，而且还对社会从业者精神层面造成实质性影响。本书通过剖析房价上涨如何影响个体劳动时间供给，是让人变得更勤快，还是更懒惰？为这一论点提供充分论据，为我国实现经济转型升级和房地产调控提供决策支持。

七　地方政府经济行为模式与生态环境

十余年来，土地财政塑造的房地产业蓬勃兴起，曾一度作为支柱产业极大促进了我国经济增长，但这种发展模式负面效应也十分明显，国民经济增量难增质，导致我国经济虚胖。已有研究表明，地方政府的土地开发行为模式对地区经济可持续增长的源泉具有显著的负面影响。此外，伴随土地财政而产生的负面效应也不容忽视，政府过度基建投资、房地产业畸形扩张催生的政府债务问题日趋严重，并由此可能引发金融风险（吴炳辉和何建敏，2015）。

当前，我国整体处于工业化的中后期阶段，经济增长对能源消费量激增，经济社会发展面临严重的能源短缺和环境约束的双重压力，以煤炭为主的一次能源消费结构加剧生态环境恶化，能源消费已经成为经济研究的重要领域。从已有研究文献来看，多数学者主要从经济增长（齐绍洲等，2009）、进出口贸易（谢建国和姜珮珊，2014）、城市化进程（刘江华等，2015；王小斌和邵燕斐，2014）等角度对能源消费展开讨论。从已有文献来看，与本书主题相关的研究成果不多。比较接近的一篇文献是研究土地财政对环境污染的影响，李斌和李拓（2015）运用博弈数理模型并用动态面板计量模型实证检验后认为，由土地财政催生的土地开发会产生大量烟粉尘、污水、噪音以及工业企业建成后会排放工业废弃物，加剧环境污染。该文虽然简要提及了地方政府土地开发对生态环境的直接影响，但对作用机理论述不深。

改革开放以来，地方政府是推动我国经济保持高速增长的重要积极力量。近些年来，地方政府依靠房地产、土地财政和基础设施投资形成的循环累积，促进经济增长，但也产生严重的负面影响。在政府对经济运行具有举足轻重的发展环境中，以往对能源消费的研究忽视了其中重要的影响因素，即地方政府的作用。本书将对地方政府土地财政通过产业传导影响能源消费强度的机制与路径展开深入剖析，对于今后降低能源强度、提高能源效率具有重要的政策导向和实践价值。

第三节 研究思路、结构及研究方法

一 研究思路及框架

边沁（2000）认为，客观环境→行为主体的意图与动机→行为本身→行为产生的主要结果是理解行为因果链不可缺少的各个部分，它们本质的逻辑是一致的。本书的研究逻辑正是遵循这一范式。

公共选择理论认为，政府只是一个抽象的概念。其行为主体——政府机构的组成人员是由具有个人动机和利益偏好的个体所组成，与其他从业人员并不存在本质区别（方福前，2000）。作为理性经济人，在一定约束条件下官员个体必然有追逐自我利益最大化的强烈动机，并选择能为自己带来最大满足的行为策略。地方政府中众多异质性的个体官员决定了官员动机的多样化，采取集体行动的必要条件是要具有相容性的集体利益激励。已有的财政激励和政治晋升激励均将地方政府官员集团的个体偏好看成是整体单一性的，逻辑难以自恰。李学文等（2012）从地方官员动机多样化的假设和官员集体行动逻辑分析的基础上，根据激励动机差异将地方官员分为两类：一是地方政府集团内的高层官员或权威官员。他们很大程度上重视政治利益远远高于经济利益，20世纪80年代以后辖区经济增长成为地方政府官员政绩考核的主要指标，在行政集权下为了职位升迁需尽可能将自身政治利益与中央政府的政策目标实现兼容。二是中下层官员群体。政治晋升激励的排他性难以成为中下层官员选择集体策略的激励机制。相对财政预算收入，预算外收入的非"透明性"和充分"自由裁量权"作为集体利益能与不同类型官员的效用和动机密切相连，与个体利益具有极强的相容性，是地方政府集体行动的内在激励，从而可以更好解释在经济转移过程中地方政府采取高度一致的集体行动发展经济的现实。

　　本书的研究框架见图1-1。在政治集权与财政分权的外部制度约束与激励下，地方政府官员集团里的中下层官员的主要效用目标为追求预算外收入，高层官员的主要效用目标是追求经济增长为主要绩效的政治晋升。在地方政府的利益偏好与经济增长的关系演变中，可以总结出财政分权前后地方政府市场分割与土地开发两种截然不同的经济行为模式。本书进而探究地方政府的两种经济行为模式对地区经济可持续增长源泉——全要素生产率、产业结构、企业绩效、劳动供给和生态环境（能源消费）的影响，分别从宏观、中观和微观三个层面进行测度。根据地方政府行为因果链的运行态势，本书最后提出有针对性的政策建议，优化地方政府的行为逻辑，实现市场化后期市场资源配置的决定性作用和更好发挥政府的作用。

　　依照研究框架，本书分为七章：

　　第一章为绪论，主要介绍本书的选题背景及意义、研究综述、研究的逻辑框架及结构安排、研究的创新点与不足等。

　　第二章介绍地方政府经济行为的相关理论。首先介绍影响地方政府经济行为的三个具有代表性的组织层级互动理论，如地方政府与中央政府、地方政府间以及地方政府与辖区组织的相关理论。然后深入地方政府外在行为表现的内在意图与动机，重点分析已有的财政激励和政治晋升激励，

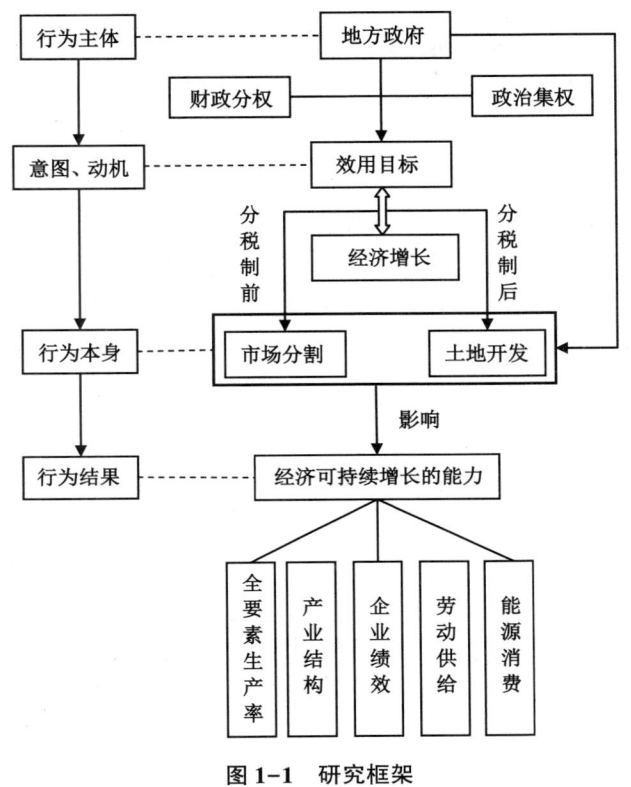

图 1-1 研究框架

这也是下文展开的主要理论基础。

第三章介绍不同国家和地区政府经济行为的表现。政府经济行为大概分为西方发达国家转型时期的政府经济行为、"东亚模式"中的政府经济行为和"拉美模式"中的政府经济行为三大类。最后根据不同国家和地区政府经济行为的成功经验和失败教训，得出后发国家赶超式发展获得成功的政府经济行为规律，为我国更好发挥政府作用提供指导。

第四章详细论述地方政府经济行为模式的表现，首先分析地方政府经济行为模式产生的外部环境基础，然后从地方政府中下层官员的主要效用偏好为预算外收入与核心或高层官员主要偏好经济增长的关系中，用经验数据检验二者的关系，不仅可以测度出地方政府利益偏好与经济增长的相互影响（由于行为主体的内在意图、动机与外在的行为表现逻辑上是一致的，因而也体现了地方政府经济行为与经济增长的相互关系），还进一步推断出改革开放以后先后出现的截然迥异的两种经济行为模式，即地方政府带有普遍性、共同性的自利经济行为表现：分税制改革以前的以"市场分割"为主要表现形式的经营企业行为模式和分税制改革以后以"土地开发"为主要表现形式的经营城市行为模式。

第五章实证研究地方政府经济行为模式对经济可持续增长的影响效应。本书将经济可持续增长源泉分为全要素生产率、产业结构、企业绩效、劳动供给和能源消费五个方面。采用多种计量模型分别从宏观、中观和微观不同层面测算地方政府经济行为的影响效应。鉴于数据的可得性，对企业绩效、劳动供给和能源消费的论述中只剖析分税制改革以后地方政府土地开发行为的影响效应。

第六章分析供给侧结构性改革下的地方政府职能转变。结合供给侧结构性改革的现实背景、理论基础、政府职能定位、政府职能存在的问题，探讨地方政府在供给侧结构改革背景下职能转变路径，为下一章提出政策建议提供现实背景和理论基础。

第七章为本书的总结。在上文按行为因果链系统分析地方政府经济行为产生的客观环境、行为主体的意图与动机、行为本身以及行为对地区经济可持续增长能力的影响以后，借鉴西方发达国家政府与市场关系演进的历史事实，以十八届三中全会提出的"发挥市场资源配置的决定性作用和更好发挥政府的作用"为指导，从行为因果链的角度提出四条优化地方政府与市场关系的政策建议，重构地方政府经济行为逻辑。

二 研究方法

（一）资料收集与文献综合分析法

本书围绕地方政府行为因果链，查阅政治学、经济学等相关研究的文献资料，将文献信息进行归类总结，并按照本书的结构体系对文献进行概括，阐述已有研究的最新进展，指出存在的不足，为本书的展开提供学术价值支撑。

（二）规范研究与实证研究相结合

实证研究用程序化、定量化的处理手段将复杂的社会现象去伪存真，以便准确地把握事物的内在联系，其哲学思想为揭示现象本身"是什么"的问题。规范研究则是基于某种价值判断探讨经济现象及活动"应该是什么"的问题。只有将规范研究与实证研究相结合，才能理论联系实际，用实践去检验和发展理论，本书对地方政府经济行为的研究正是遵照这一范式。

（三）对比法

本书不仅按照行为因果链分析地方政府行为的内在动机、行为本身以及行为产生的后果，还将分税制前后表现截然不同的经济行为模式进行对比分析，从动态的角度阐述地方政府两种经济行为模式演变缘由及对经济影响的差异表现。

第四节 研究成就与不足

一 理论创新

对于地方政府推动经济增长的内在激励，现有文献主要从财政激励和政治晋升激励分别展开论述，由于理论难以融合，甚至出现了用一种激励理论的实证研究所得出的结论去否认另一种激励理论的存在。本书在已有研究成果的基础之上，以地方政府官员集团多样化的利益偏好为逻辑起点，其中地方政府集体利益偏好（尤其是中下层官员的主要效用目标）是追求预算外收入，高层或核心官员的主要效用目标是追求以经济增长为主要绩效考核指标的政治晋升，将财政激励与政治晋升激励实现了融合，并用经验数据予以证实。并进一步得出，财政激励虽然在官员集团中拥有更广泛的群众基础，但是政治晋升在地方政府的效用目标中占主导地位，即对整个地方政府而言，政治晋升激励优先于财政激励。财政激励与政治晋升激励的融合将地方政府激励机制的理论研究推进了一步，并有助于推动现有的激励之争向更深的研究领域迈进。

二 研究范式的创新

现有对地方政府行为的研究还主要集中在行为因果链的前半部分，即地方政府自利行为的激励基础。本书基于完整的行为因果链分析地方政府经济行为对地区经济产生的影响，先从地方政府效用偏好中推导出地方政府经济行为模式，进而研究地方政府经济行为对地区可持续增长能力的影响。相比现有相关地方政府行为研究文献中主观界定地方政府行为类型，逻辑更加严密、论证更加充分，结论也更具有说服力。

三 研究视角的创新

对于地方政府经济行为对地区经济可持续增长能力影响的研究，本书分别从宏观、中观和微观三个层面进行展开，研究地方政府经济行为模式对地区全要素生产率、产业结构和企业绩效、劳动供给和能源消费的影响。以往相关研究主要集中在宏观角度，与以上五个主题相关的研究成果还非常少见。本书的研究不仅填补了空缺，而且多研究视角结合使得结构更紧凑、逻辑更严密，也更有说服力。

四 存在的不足

虽然本书在已有成果的基础上取得了一定的突破，但也存在两方面的不足。一是由于本书研究跨越多个学科，限于知识结构及积累的原因，对有些问题的分析今后还有待继续深化。二是本书主要采用计量经济模型的分析方法，如果能将数理经济模型与计量经济模型相结合，本书的论证过程可以更加严谨、周密。

第二章 地方政府经济行为的理论基础

地方政府经济行为的理论基础大体可以分为两类。一类是把地方政府置于权力层级之中，根据地方政府与中央政府、地方政府之间及以地方政府与辖区社团的博弈与相互的影响关系，探讨地方政府的行为表现。另一类是深入地方政府内部，根据地方政府官员的激励偏好，分析地方政府的外在行为表现。第一类理论将地方政府视为一个整体，只提供了地方政府行为选择的可能范围，地方政府的内在激励才是决定地方政府外在经济行为最终选择的主要依据。

第一节 地方政府经济行为组织层级的互动理论

一 地方政府与中央政府经济博弈理论

从政治学角度看，地方政府是中央政府在当地的派出机构，地方政府的权限均来自于中央的授权，需要服从与执行中央政府的各项指令，地方政府是中央政府的从属机构。改革开放以后，随着中央政府的行政分权与经济分权相结合的改革，地方政府掌握了当地经济发展的决策权和资源调配的控制权，中央政府与地方政府的事权以及由此产生的财权关系具有了某种程度的契约性质。此外，两级政府的角色定位不同，在地方政府的经济自主性和能动性得到增强的推动下，地方政府的目标函数与中央政府出现了部分偏离。由于中央政府在博弈中占据主导地位，掌握着地方主要官员的职位任免权限。地方政府主导着辖区内政治、经济资源的调配权，地方高层或核心官员的晋升需要得到中央的认可，中央政府与地方政府存在着利益依存关系。另外，政府间纵向分权制度的典型特点是行政指令从上到下传递，而信息反馈正好相反。中央政府难以完全掌握各地的具体情况，地方政府相对中央政府具有发展当地经济、提高居民福利的信息优势。由此可见，中央政府与地方政府具备了委托—代理关系的三大基本要素，即利益结构、契约关系和信息的获知（高燕妮，2009）。

委托—代理理论（Theory of Principal-Agent）源于 Berle 和 Means (1932) 解决公司治理结构缺陷，倡导企业所有权与经营权分离，现已成为制度经济学契约理论的主要研究内容。在中央与地方关系的研究中引入委托—代理理论，重点分析地方政府的自主性与能动性（黄相怀，2013）。政治治理效率的提高取决于代理人——地方政府的努力程度、能力大小和其他影响因素。在信息不对称的情况下，委托人的利益可能受到代理人隐藏信息和隐藏行动的道德风险的侵蚀，对于委托人而言，为实现利益最大化、防止委托代理失效，需设计可行的契约，激励代理人付出"合理"的努力水平，实现两方利益协同（杨宝剑和杨宝利，2013）。委托—代理理论主要从地方政府与中央政府的经济博弈中定位地方政府的行动选择。孙宁华（2001）认为中央政府和地方政府的信息不对称使得地方政府的行为容易产生逆向选择和道德风险，导致资源配置效率损失。庞明川（2004）指出，改革开放以来进行的四次财政分权改革虽然极大调动地方政府发展经济的积极性，但也推动了地方势力的崛起，增强地方政府的短期行为。杨宝剑和杨宝利（2013）认为，地方政府与中央政府在制度创新、财税资源和经济发展空间等方面存在着竞争博弈，并且有充分的动机采取策略性自利行为，中央政府只有建立动态优化的委托代理契约才能发挥好行政集权与经济分权的制度激励。

二 地方政府竞争理论

地方政府除了与纵向中央政府在资源和控制权方面具有竞争博弈以外，还在横向层面与同级机构展开竞争。国外首先研究地方政府竞争的论述是 Tiebout（1956）"用脚投票"理论，后来被称为"蒂伯特模型"（Tiebout Model）。他认为，在完全竞争市场上地方政府必须竭力提供最佳的财政收支和公共服务，否则，自由流动的居民将会迁移到税收组合令人满意的地区，导致本地区税收流失，"用脚投票"揭示了地方政府间的竞争可以提高公共品供给效率。随后的学者通过博弈论将地方政府竞争模型化。Breton（1996）首先界定了"政府竞争"的概念，并在"用脚投票"基础上进行了发展，进一步提出地方政府竞争的核心机制是要素的自由流动。在宪法保障居民自由迁徙权的约束下，地方政府的竞争只能围绕公共产品和服务展开，可以很好达到公众偏好、公共服务与税收负担最佳平衡。也有一些学者对此提出异议，Epple 和 Zelenitz（1981）采用数理模型证实，由于土地不可流动，地方政府获取土地租金最大化行为导致难以实现公共产品有效供给。Zodrow 和 Mieszkowski（1986）假定厂商投入的生产要素只有土地和资本，土地不具流动性但资本可以跨辖区流动，推导出同质辖区围绕资本税展开价格战的竞争最终导致公共品供给不足。Wilson 和 Wildasin（2001）的研究也得出类似结论，地方政府间的税收竞争会导致税收与公共服务的低效。一些学者在资本税竞争为基础的模型上通过不断修正假设，得出了不同的结论（杨海水，2004）。Lee（1997）假定资本一期可以自由流动，由于转移成本及区位惯性，资本二期缺乏流动性，虽然地方政府会在一期为资本流入展开激烈竞争，但二期的公共品供给会超过合理水平。Huber（1999）假定地方政府对不同技能的劳动者征收工资税，对资本征收居住地资本税，一地资本税率的上升可以对其他地区收入平衡产生正的外部性。

国外地方政府竞争的理论都在比较一致的框架下主要研究税收竞争、公共品供给和选民投票权引发的标尺竞争（黄纯纯和周业安，2011），而对转型经济体的研究尚没有形成完整、系统的分析范式，多采用结构、描述式的方法或直接借鉴国外理论框架分析地方政府竞争，研究主题主要围绕具体问题展开，缺乏系统性，难以提炼成理论成果（杨海水，2004）。对于中国而言，财政分权以后地方政府成为经济发展的重要参与主体（于东山和娄成武，2010），地方政府间的竞争主要集中在经济增长所需的资源、生产要素领域。周业安（2003）指出，在既定的政治体制下，地方政府的竞争从计划经济时期的"兄弟之争"转变为改革开放以后具有更多自主性的"经济主体之争"，经济分权化改革可能会导致地方政府间为争夺经济资源采取保护性和掠夺型策略，增加地区间的贸易壁垒和交易成本，损害长期经济增长。张军等（2007）、陈抗（2010）检验发现，地方政府"招商引资"间的标尺竞争极大改善辖区基础设施，"用脚投票"的 Tiebout 竞争具有重要意义。傅勇和张晏（2007）进一步研究发现，在财政分权和政绩考核规制下的地方政府竞争，地方政府的公共支出结构明显扭曲，重基础设施而轻人力资本投资和公共服务。政治体制和经济体制的巨大差异使我国地方政府的竞争与西方国家有很大不同，运用地方政府竞争理论研究经济问题时，需将理论与实践融合探寻地方政府和谐竞争的一般规律（蔡玉胜，2007）。

三 地方政府与辖区经济组织法团主义理论

法团主义（Corporatism）理论最早流行于 19 世纪初，源于西方政治学界对拉丁美洲和南欧权威主义国家的政府与社会关系研究，揭示强权政府与社会利益集团之间的协作关系及对社会经济的影响（何显明，2008）。Qi（1992）认为，中国的财政体制改革，加深了乡镇政府与本地企业的利益依存关系，政府协助本地企业发展，保护其免受外地企业的市场竞争。在这一过程中，地方政府就如同从事多种经营的企业董事会成员，形成政府与经济相结合的新模式。Qi（1999）的进一步研究指出，地方政府与当地企业形成的共生关系不仅有选择性的扶持集体经济，还将范围扩展到私营企业。Walder（1995）根据我国地方政府在市场化转型过程扮演的重要角色，将地方政府比作厂商。他认为，中国地方政府已经成为市场经济发展的主导力量，政府不仅可以通过制定法规维护市场秩序、实施经济管理之责，还可以直接参与经济活动获取经济收益。在市场化进程中，中央政府的行政权、财政权限逐步下放和约束机制的不完善，给予地方政府直接控制和享有经营市场所获得利润提供了制度空间。指令性经济赋予地方政府及官员资源分配的垄断权力，产生了地方政府与市场主体结成的庇护（Clientele）关系。Wank（1996）在地方政府与企业"单向依赖"的基础上，提出了"相互依赖关系"，即"共存庇护主义"（clientialism）。一方面，地方政府依赖个体企业获得财政收入、解决就业、发展当地经济等；另一方面，个体企业往往也依赖于当地政府利用庇护关系避免任意干涉和获取发展的优势资源。

地方法团主义是从地方政府与社会经济组织的互动关系的角度探讨地方政府行为表现，为理解地方政府的行为模式提供了新的视角。

第二节 地方政府经济行为的激励理论

从地方政府所处层级结构之间的竞合关系入手，论述地方政府行为的运行机制，这种行为逻辑的分析似乎合情合理。但这种外部行为环境的变化只是改变了地方政府行为选择的范围。行为主体的外在行为是内在思想的折射，地方政府经济行为的选择主要还是取决于内在激励。

改革开放以来，中国经济持续保持高速增长。国内生产总值在 2010 年超越日本，成为世界第二大经济体。这其中，地方政府作为发展经济的重要参与主体，发挥了不可或缺的作用。"经济奇迹"的背后，行政集权下的财政分权是推动地方政府为"为增长而竞争"的制度基础。与此相对应，学界对地方政府发展经济的内在激励机制主要从财政激励和政治晋升激励两个角度分别展开。由此可见，地方政府经济行为的内在激励也来自于外部制度环境，但它比组织层级互动理论在解释地方政府经济行为时更具说服力，相比地方政府由竞争而达成的短暂动态平衡，外部制度环境具有规则的稳固性、不变性，可以给地方政府提供稳定的长期预期，由此产生的效用偏好是塑造地方政府具有普遍的经济行为模式的基础。地方政府由竞争所产生的经济行为具有短期性和可变性，不能冠之以行为"模式"。因此，对于本书而言，从地方政府内在激励出发，遵循行为因果链研究地方政府经济行为模式逻辑更能自恰。

一 财政激励

地方政府不遗余力地推动经济增长，其可支配的财政收入亦能同步增加，地方政府拥有发展当地经济的强烈动机，财政激励是保证地方政府为增长而竞争的有效机制。财政激励得以实现的基础是财政分权（fiscal decentralization），即中央政府给予地方政府一定的税收权和支出责任范围，地方政府可以自主决定预算支出规模和结构（边维慧和李自兴，2007）。财政分权理论起源于发达国家，先后经历了两个发展阶段。

第一代财政分权理论也被称作"财政联邦主义"（the theory of fiscal federalism），主要关注公共产品或公共服务提供的效率问题。一般认为，财政联邦主义可以追溯到 20 世纪 50 年代，以美国经济学家 Tiebout1956 年发表的《公共支出的纯理论》为标志，随后 Musgrave（1956）和 Oates（1972）进行了深化和扩展。该理论认为，地方政府相对于中央政府更接近于当地居民，提供公共产品和服务能更好满足本地居民的偏好，公共产品和服务所需投入的财政资源可以实现最优化配置，因此地方性公共支出的财政来源需要在中央政府和地方政府之间进行分工（周中胜，2011）。第一代财政分权理论是以新古典经济学理论的框架为基础，并且假设政府是仁慈而高效的，政府和政府官员是以公共利益最大化为目标配置资源。基于上述不足，发展形成了第二代财政分权理论，也称为"市场维护型的财政联邦主义"（market-preserving federalism）。Weingast、Qian 和 Mckinnon 等被认为是第二代财政分权理论的代表人物。第二代理论假定政府和政府官员也具有自身的物质利益诉求，在外部约束不足的情况下，地方官员会从政府决策中寻租。因此，有效政府治理结构的设计需实现政府官员自身和大众福利的激励相容（刘承礼，2011）。转型经济体的成功需要满足五个条件（Qian 和 Weingast，1997），其中有两条最为重要（Weingast，1995；Montinola，1995）：一是中央政府保证统一的国内市场；二是地方政府预算硬约束（李学文等，2012）。分权形成的"市场保护型"的财政联邦制有助于明确中央政府和地方政府的权利与责任界限，地方政府由此承担了促进本地经济发展的主要职责（刘晓路，2007）。地方政府间的竞争导致企业产品成本的空间分化，并将竞争延伸到资本、劳动力等生产要素的竞争上，从而导致地区经济和税收的差异。硬预算约束表明地方政府有破产的威胁，由地方政府竞争使得政府对市场活动的干预受到限制，有助于保护统一的市场。当然，要达到财政分权有助于政府维护市场的目的，需要中央政府采用强制措施保证分权政策实施的连贯性。

我国地方政府重基础设施建设轻人力资本投资和公共服务的财政支出结构（傅勇和张晏，2007），表明第一代财政分权理论在我国并未得到验证。第二代财政分权理论的激励机制与我国的现实也相去甚远，如改革开放以后财政体制的调整与我国地方保护主义长期存在的现实与第二代财政分权理论明显不符（张学文等，2012）。尽管第一代和第二代财政联邦制理论并不能完全解释我国地方政府发展经济的实际，但不可否认，改革开放以后的财政体制相对于计划经济时期的"统收统支"的财政体制出现了明显的分权化迹象。20 世纪 80 年代三次较大的财政体制改革的实质是财政包干制，即地方政府向上级政府上缴一定额度的收入，剩余的可自行支配。地方政府获取了财政收入剩余索取权后，相应地得承担了政府提供公物产品和服务供给的财政支出责任。财政承包制的缺陷是地方政府为规避上解额度采取的预算内收入预算外化和藏富于企业的行为，导致中央政府税收流失。为了扭转中央政府的财政困境，1994 年实施了以财政收入集权为特征的分税制改革，但两级政府支出责任的分配并没有突破财政包干制时期的框架（刘承礼，2011）。关于我国财政分权与经济增长的经验研究，多数研究文献支持财政分权促进了经济增长的观点。Jin 等（2005）、Zhang（2006）、傅勇（2007）等用经验数据证实了改革开放以后的财政分权制显著提升了地方政府财政激励的强度，支持了我国财政分权驱动的标尺竞争（yardstick competition）是一种向好的竞争（race to top）（maskin等，2000）。

二 政治晋升激励

与中国财政分权取得显著绩效形成对比，很多转型经济体的政府表现并不令人满意，如俄罗斯分权体制的财政激励就显得极为微弱（傅勇，2008），地方政府发展经济的动力不足（Zhuravskaya，2000）。Blanchard和Shleifer（2001）对此指出，相较于俄罗斯，中国财政分权的同时维持了政治上的高度集权，中央政府保有对地方官员奖惩的能力是解释中俄两国地方政府经济发展差异的关键因素。周黎安（2004、2007）最早对我国地方官员的激励机制进行研究，提出了"晋升锦标赛"理论。晋升锦标赛的核心是将地方政府官员的仕途升迁与反映社会需求的标准相挂钩，在以经济建设为中心的社会转型期，地方官员的政治激励是积极发展当地经济，争取最优的经济绩效排名，借以获取更大的晋升优势和升迁机会。周黎安认为，与财政分权相比，晋升锦标赛具有奖励承诺可信和自我强化激励机制等优点。政治晋升锦标赛的提出，引起了学界的高度关注。很多学者结合中国的实际检验该理论的合理性，多数研究文献的经验检验证实了该理论的有效性。Li和Zhou（2005）用1979—1995年中国省级高级官员人员流动数据验证了官员职位晋升的可能性随着经济增长率的提升而增加，经济增速下降增加了官员离岗的概率。Chen等（2005）进一步研究发现，中央政府对省级领导官员的任免是以其上任的经济绩效为参照，衡量官员任期内的经济表现。晋升锦标赛在缔造中国经济奇迹的同时也衍生出了一系列问题，如地区间恶性竞争、贸易保护，政府职能错位等等。

财政激励和政治晋升激励理论是理解地方政府经济行为的两种视角，但均存在着一些不容忽视的问题。李学文等（2012）对此做了深入的剖析，他以个体官员动机多样化为出发点，指出地方政府集体行动的激励机制需要一种相容性的集体利益。财政激励将整个地方政府当作"黑匣子"处理，忽视了个体官员的动机差异。由于职位晋升具有排他性，难以作为相容性的集体利益，"晋升锦标赛"理论也存在难以克服的缺陷，即地方官员晋升激励的排他性与政府官员集团采取一致集体行动难以兼容。那么，动机多样化的官员集团构成的地方政府采取发展经济的集体行为的相容性集体利益是什么？李学文进一步指出，改革开放后地方政府日益膨胀的具有充分"自由裁量"的预算外收入能与地方政府不同官员的多样化效用偏好相关联，是地方政府集体行为的内在激励。根据预算外收入的来源和结构的变化，地方政府的经济行为也会发生改变，由此表现为不同类型的经济增长模式。

李学文等以地方政府官员集团的个体利益偏好为基础，挖掘地方政府发展经济内在的激励机制，使得地方政府经济行为逻辑的解释更具有深厚的经济学微观基础。但预算外收入的解释框架主要是从财政角度进行分析，只能作为财政激励理论的进一步深化，由此忽视了政治晋升激励的作用。作为解释地方政府经济行为激励机制的两种理论，财政激励与财政晋升激励理论并不应该是相互排斥的，而应该是地方政府发展经济共融、共存的激励基础。如何提出一个包容性更强的解释框架，还需要进一步探索和努力。

第三章　现代化进程中政府经济行为的国际比较

　　政府与市场的关系是所有经济制度的核心问题。在资本主义国家，以美国为例，政府层级多为扁平结构，地方政府由公民直接选举产生，并在宪法保护下充分自治，地方政府没有干预经济活动的其他自由裁量权限和行为空间，使得发达资本主义国家中地方政府直接干预经济的行为基本不存在，因而缺乏相关的研究成果。政府与市场的关系主要体现为中央政府宏观调控与市场的关系。与美国为代表的资本主义国家不同的是，中国政府层级体系为金字塔型，下级政府主要作为上级政府的附属及派出机构，需要执行中央政府的经济决策并肩负着发展当地经济的重任。虽然下文所讨论的是不同经济体在转型时期国家经济干预行为的史实，但对于中国而言，也在很大程度上验证了地方政府的经济干预活动的必要性。从不同经济体政府与市场关系的讨论中，也能对我国市场化进程中地方政府干预经济活动的行为提供多重视角的、更趋客观的审视。

　　二战至今，只有十三个经济体从中等收入进入高等收入国家，从低收入能够迈进高收入经济体的仅有韩国与中国台湾地区。绝大多数发展中经济体长期陷在中低收入陷阱，其主要原因是没有妥善处理政府与市场的关系（林毅夫，2013）。环顾世界，在发达国家的经济制度中，市场居于核心地位；而在发展中国家，政府的力量可能更为强大。如果单纯横向比较，就可能简单得出欠发达国家落后的主要原因是政府对市场资源配置的干预过多的结论。纵观资本主义经济的发展史，世界所有国家和地区（香港除外），基本没有第二个始终坚持古典经济思想所倡导的自由放任与自由贸易的政策选择（姜达洋，2012）。因此，在梳理世界主要经济体的发展经验中，尤其是研究大国崛起的经济学逻辑，有必要对一些关键性事实——政府在经济转型中所起到的作用进行系统回顾。

第一节　西方发达国家转型期的政府经济行为

15—18世纪是西欧封建制度向资本主义制度过渡时期，代表商业资产阶级利益的资本原始积累需要政府运用国家力量对外实行贸易垄断、提高关税，保护国内市场、支持本国商业资本的发展。英国在重商主义政策的支持下，完成了农业和工商业向资本主义生产方式转变，实现了英国社会转型。在重商主义政策指导下，英国政府积极引进专业技术人才，限制原材料出口，鼓励原材料进口和工业制成品开拓国外市场。并采用"轻税"政策扶植工商业发展，在重商主义晚期，政府还破除了同业行会对一人兼数业的限制，为工商业创造了较为宽松的发展环境。

美国从19世纪初到1894年经济崛起的奥秘在于政府实施了保护主义和内向型工业发展道路，以推进美国工业化的国民经济学说（美国学派）为理论指导，包括"生产率立国、保护性关税、国内市场、利益和谐与国民银行"五个方面，构成一整套发展中大国实现赶超的经济学说（贾根良，2011）。学说的形成历经弗里德里希·李斯特、亨利·凯里和西蒙·帕滕三代经济理论家及其追随者，并由实践这一学说的政治家共同发展起来，其目的是反对当时发达资本主义国家——英国所倡导经济自由主义的古典政治经济学，摆脱英国对美国政治、经济的支配地位。在该理论的指导下，尤其是在南北战争以后一直到1894年，美国学派支配着美国的政治生活，政府积极采取了多种经济手段保护国内市场和国内幼稚工业，如政府对科技研究进行投资并大力发展基础教育（Carey，1851）；实施关税保护政策，保护本国缺乏比较优势的幼稚工业；着力构建制造业体系，大力发展资本密集型工业（Hudson，2010）；通过工业化和城市化培育农产品国内市场，以农业和农村的发展为国内工业制成品提供市场（哈罗德·福克纳，1964），促进城乡、地区平衡发展，投资修建公路、铁路、航运等基础设施降低运输成本推动国内市场的统一（Jones，1956）；协调资本家与工人、农业与工业的利益矛盾；南北战争期间通过《法定货币法案》运用主权信贷（发行"绿背纸币"）与英国控制的金本位制决裂，阻击国外资本和国内金融利益集团对国民经济的控制。

李斯特的《政治经济学的国民经济体系》强调了后发国家对经济活动干预的必要性与合理性。当英、法深陷19世纪中后期世界经济"大萧条"的泥潭之中时，德国经济现代化实现了跳跃式发展，大约用 30 年时间完成了英国用 100 多年才完成的工业革命，国家干预是实现赶超先进国家的重要经验（何正斌、刘瑾，2005）。德国的现代化是在引进英国、美等发达资本主义国家资本主义制度的基础上实现的政治、经济和社会改革。作为当时后发国家，德国并没有按照斯密的国际分工理论依附于当时发达资本主义国家专业化具有比较优势的木材、煤炭和粗加工品业。在李斯特国家干预理论的指导下，采取一系列政府措施消除经济发展的障碍，德政府建立起了有效的工业保护机制，保护主义政策在政府的有效实施下对内兴办各种企业，垄断金融、铁路、邮电和贸易等国民经济命脉，对外推行保护关税，制订专门法律扶植、加强垄断组织，实行出口津贴，控制和引导垄断组织争夺国际市场，建立社会保障制度"消除革命"隐患（尹朝安，2003）。二战以后，战败德国被分为德意志民主共和国和德意志联邦共和国东、西两个战区。西德采取一系列经济政策很快稳定了战后的经济秩序，它能在战争废墟中迅速得以恢复和发展，重要原因是采取了政府有限干预与市场机制相结合的发展模式。20 世纪 60 年代中期以后，为了应对经济危机的爆发，联邦德国转向实行全面干预的经济政策。如政府通过采取"补偿性财政政策"稳定市场物价，为促进产业结构调整，政府综合运用财政、金融等手段扶持陷入困境中的农业和煤炭工业，积极鼓励新兴产业，如计算机、核能等行业的发展（傅道忠和汤菲，2003）。

　　二战以后国土狭小、资源极其匮乏的日本仅用 30 年的时间将濒于崩溃的经济一跃跻身为仅次于美国的超级经济大国，日本经济的赶超成功有赖于诸多因素，不可否认，政府有效干预行为对日本经济的恢复与发展起到了至关重要的作用。日本政府广泛采用了产业扶持政策、产业调整政策、产业技术政策、产业保护政策和产业组织政策，推动日本经济结构的提升与变迁（王曙光，1998），日本这种将政府规制嵌入到整个经济体制中，被形象地称之为"管制的资本主义"（植草益等，2000）。战后初期，政府为实现产业立国之目标，1946 年 12 月制定了"倾斜生产方式"，选择优先发展煤炭、钢铁、化肥、海陆运输等产业，其中再重点向煤炭和钢铁业倾斜。为了保证重点行业建设所需资金，建立复兴金融公库，贷款优先划拨给煤炭、钢铁等重点行业，并通过价格补贴与管制为重点行业提供补贴（刘毅和兰剑，2008）。在外贸领域，政府采取了出口创汇部分免税和出口信用保险等举措，对进口实施高关税和配额制，并采用严格的审批保证短缺外汇用于支持特定产业。经济进入快速增长期，为实现规模经济，政府通过提供低息贷款等方式诱导企业合并、设置行业进入规模限制等手段提升产业国际竞争力（阮萌和杨海水，2005）。

第二节 "东亚模式"中的政府经济行为

20世纪60年代中期以来，尤其是60年代至90年代东亚地区经济持续增长，吸引了众多投资，成为世界经济最具活力的地区（王裕国，1998），这一经济现象被以后的学者描述为"东亚模式"。通常人们所说的"东亚模式"主体主要包括中国香港、印度尼西亚、日本、韩国、马来西亚、新加坡、中国台湾和泰国八个经济体，其中日本和亚洲"四小龙"最具有代表性。[①] 这些国家或地区面积狭小、自然资源匮乏，经济增长却令人瞩目。多数学者在发掘东亚"经济奇迹"中总结出了东亚地区经济增长模式具有政府主导、出口导向和赶超型发展等共同经济增长特征（沈静，1999）。"政府主导"是"东亚模式"最为显著的特征，"出口导向"和"赶超型发展"是政府主导下的经济发展模式与经济发展目标，并依此采取强有力的对内与对外经济干预手段。对内经济干预主要为政府出台法规鼓励基本设施投资，以此增强私人资本积累，政府通过减税、利息补贴等多种形式为企业扩大再投资提供多种优惠。为了筹集扩大投资所需资金，金融机构的存款利率长期保持在较高水平。对外经济政策方面，政府为保护本土幼稚企业不被外企吞并，对外商直接投资实施严格限制。为提高本土企业的国际竞争力，对企业出口提供有形和无形的补贴，并长期使本国货币处于低谷状态。政府对经济活动的强有力干预构成了这些经济体经济腾飞的重要组成（彭晓宇，2013）。需要特别指出的是，"东亚经济模式"并不是一成不变的僵化模式。二战以后，从殖民体系中解放出来的东亚国家，大多采用"进口替代"战略，由于受到国内市场狭小的限制，到20世纪50年代末经济发展受阻。到60年代受益于世界产业结构调整，东亚国家纷纷改变经济发展战略，从进口替代转变为出口导

[①] 上文中已经详细探讨了日本政府经济行为，这里主要分析亚洲"四小龙"，其中中国香港地区是世界上唯一没有政府干预的自由主义经济体，因而在"东亚模式"主体中并不包括中国香港地区。

向，70年代以后产业结构成功实现由劳动密集型升级为资本、技术密集型。从整个发展历程来看，东亚模式是随着内部和外部经济环境的变化而调整，具有很好的环境适应性，在这一模式中最突出的特点是政府主导下的经济发展。

1996年，联合国贸易和发展会议的《1996年贸易和发展报告》认为，东亚的成功之处在于政府进行积极干预，鼓励储蓄与投资，大力引进国外先进技术推动国内产业结构升级，并且能规范政府行为，将政府干预与市场机制在某种意义上保持平衡。政府干预主要表现为以下两个方面（娄晓黎，2003）：一是制定各类发展计划，明确各个时期优先发展行业，引导民间资本投资流向。韩国20世纪60年代实行的"出口第一主义"战略，70年代因时制宜调整为重工业化战略。新加坡同一时期分别采取了大力发展出口加工业和"第二次工业革命"等战略。二是利用各种经济手段引导资源配置。韩国对私营企业的微观调控的重要手段是银行信贷，政府利用银行贷款支配企业投资选择（孙燕铭，2010）。在60年代东亚进入出口导向发展阶段，韩国、新加坡和中国台湾地区为出口企业提供优厚信贷和税收减免，鼓励出口。世界银行在《1999/2000年世界发展报告》中总结了东亚模式的优势：政府追求促进特定部门增长的产业政策；监管金融市场，抑制个人投资、鼓励储蓄，以此降低利率增加企业的利润率；加强教育与技术研究的投入，引进外商直接投资。这三点描述了东亚地区政府经济行为的具体形式与内容，是权威型政府强力介入经济活动的体现，可以说东亚地区政府是东亚"经济奇迹"的缔造者。

经济快速增长的"东亚经济奇迹"能否被其他国家所复制呢？很多国家也采取了类似的政府干预行为，产生的是严重的负面效应而不是正面效应，例如效仿国家成立的发展银行却违背了设立初衷，将稀缺的资金投向了与政府有利益联系的低收益领域。Stiglitz（1996）对此指出，东亚经济奇迹的产生具有多个维度：政府干预虽然产生寻租，但是也鼓励了经济增长；政府与企业协作融洽，没有冲突；高储蓄率导致高经济增长；基于竞争和绩效表现的资源配置方式有力地刺激经济增长并压缩腐败范围；政府实施积极的教育平等主义政策不仅创造了良好的政治和经济发展环境，而且接受过良好教育的劳动力生产率更高，可以更快推动经济增长；政府使用市场并构建市场，而不是取代市场配置资源。Stiglitz进一步从六个方面总结了东亚模式中政府干预的显著特征：一是政府保障社会运行机制良好。经济增长需要维持宏观经济和政治稳定，政府实施更加公平的收入分配政策，为学龄儿童提供良好的基础教育，创造了稳定的政治和商业投资环境。二是政府政策的灵活运转。政府政策能够随着经济环境的变化而及时调整，但随着经济活动的日益复杂，政府有效干预行为越来越难实现。三是政府治理与市场协调运转。政府在完善市场制度方面发挥了积极作用，例如设立发展银行，培育债券和股票交易的资本市场，市场机制的健全使交易更加高效，进一步提高用于社会投资的储蓄额；政府利用所控制的金融市场引导资源配置，比直接提供补贴或低利率政策有效得多，稀缺的信贷资源避免流入投机性的房地产和耐用消费品领域，有力支持重点领域的发展；政府设计出改善政府与市场合作的政策，满足了工商业界的需要，信息的共享也提高了政府决策的水平。总之，政府通过运用、引导和补充市场提高资源配置效率，而不是取代市场。在多数东亚国家，私营企业仍然是经济活动的主体。当私营企业与政府产生分歧时，私营企业可以风险自担，自主决策经营活动。四是促进物质资本和人力资本积累。邮政储蓄机构的建立和政府预算盈余提高了国内储蓄，金融体制的健全促进了金融深化。同时，政府采取多种政策提升教育和培训力度，提升人力资本水平。五是改变资源配置方式。东亚政府用工业政策影响资源配置，甄别研究与开发潜力巨大的行业，支持建立科研中心提高质量标准，以此吸引外商直接投资和国内投资。带有前后向联系和正外部溢出效应的重点新兴行业虽然有助于长期经济增长，但短期可能盈利能力不足，为了弥补私营部门的损失需要政府部门进行干预。并且，政府通过鼓励出口引导资源配置。出口提供了以业绩表现配置资源的依据，政府鼓励采用国际标准加速技术扩散，出口企业之间为信贷而进行的竞争成为促进经济增长的重要激励，政府信贷扶持政策的刚性也减少了官僚腐败。六是鼓励投资的政府政策。轻微的金融抑制对经济增长有正面效应，金融抑制对国家储蓄和稀缺金融资本的配置效应往往是正向的。积极的刺激效应与稀缺信贷的竞争紧密相连，企业与银行股本的增加提高了承受风险的能力。政府风险分担的计划也有效降低融资成本，刺激投资。

"东亚模式"中政府干预的成功，并不是由某个单一政策所决定，而是由一系列政策综合作用的结果。当然，东亚模式也存在一些弊端，这也是1997年东亚出现金融危机的重要原因，但总体来看，东亚经济发展模式还是比较成功的。东亚国家在"看得见的手"的推动下，成功实现了赶超战略和经济、社会的转型。

第三节 "拉美模式"中的政府经济行为

"拉美模式"通常指二战以后到20世纪八九十年代，拉美国家普遍采用以政府严格管制和进口替代战略为基本特征的经济发展模式。主要表现为拉美国家通过高额关税以及对外国商品设立严厉的政府管制，保护本国的幼稚产业。在进口替代战略指导下，拉美国家以自然资源为基础，政府选择具有潜在优势的行业实施强有力的扶持，重化工业是拉美国家政府重点扶持的资助行业，如钢铁、有色金属、机械等资本密集型行业。在一些关键性的行业或部门，政府甚至直接出资建立国有企业，如矿山开采加工业、石油开采及石化业、钢铁业等。由于自身资本积累不足，拉美各国政府非常重视引入外资。

"拉美模式"的应用使拉美国家经济在战后初期获得了快速发展。在战后初期至20世纪70年代末，拉美地区经济年均增长率为5.3%，虽然与东亚经济还存在一定差距，但也远远高于世界其他地区经济增速（姜达洋，2012）。到了80年代初，拉美模式中的问题相继暴露。拉美地区经济发展模式存在以下问题（江时学，2001）：一是政府干预程度深，有时甚至是过度干预；二是国内企业在政府的严密保护下，国际竞争力提升缓慢；三是国内资本积累能力低，导致对外资的依赖性较强；四是存在比较严重的重工轻农现象。80年代以后，外部的债务危机和内部的经济失衡使得拉美经济陷入衰退和通货膨胀的漩涡之中。为了获得国外经济援助，拉美国家采用国际经济组织开出的药方——华盛顿共识，推行一系列经济自由化改革。这种强调经济的完全自由化的极端改革方案破坏了国家经济运行的稳定性，加剧了贫富分化。后拉美模式时代，主要拉美国家政府摈弃了新自由主义和政府过度干预的思想，拉美发展模式与东亚发展模式逐渐趋近，对经济发展战略和经济政策做了许多调整，如降低关税壁垒，取消采用行政手段控制进口，扩大对外贸易自由化；减少政府在生产领域中的干预，推动国有企业私有化，强调市场资源配置的作用；调整劳工、财政和金融制度；重视技术引进与创新等。

20世纪下半叶以来，拉美国家和东亚国家站在同一起跑线，均为发展中经济体。两种经济发展模式的共同特征是政府积极干预经济活动，但绩效表现却截然迥异。总结起来主要源于以下几个方面的不同：一是资源禀赋差异。东亚模式中的国家或地区面积狭小，自然资源也比较匮乏。经济发展的方向必须要面向国际市场，国际市场的激烈竞争很大程度上减少了政府干预所产生的寻租行为。而拉美模式中的多数经济体国土辽阔，矿产资源丰富，国民经济发展的初期定位就是以开发国内资源，实行进口替代的发展战略。初期资源禀赋差异，导致了明显不同的发展路径。东亚模式中的经济体发展逐步迈入了政府推动→对外开放→经济发展→有序竞争→市场体制完善→效率提升的良性循环，拉美模式中的国家陷入了政府干预→进口替代→国内资源开发→贸易保护→市场扭曲→效率损失的恶性循环。Edwards（2009）认为拉美经济体经济表现不如同期的其他新兴地区，如东亚经济体的主要原因是拉美国家采用的政府干预和保护主义发展战略，直接导致了20世纪80年代拉美国家"丧失的十年"。但这种诊断并不全面，拉美经济体和东亚经济体在经济发展初期均采取强力政府干预，两种模式的发展机制及路径的不断趋异主要源于当初面临国内发展的初始条件不同导致发展战略以及路径演化的不断分化。由于资源禀赋的不同，导致在经济起飞初期发展战略的定位不同，进而导致两种经济体发展的路径依赖及结构演化的差异，是"资源悖论"在两种经济体不同发展模式上的现实反映。Blanco 和 Grier（2012）用17个拉美国家1975—2004年的数据研究证实，自然资源的依赖显著影响拉美国家物质资本和人力资本的积累。二是社会治理差异。经济发展需要稳定的政治、社会环境，东亚国家政府干预政策比较关注社会公平，采用公平的收入分配政策给国内企业扩大生产、引进国外投资创造了良好的外部环境。拉美国家宏观经济政策失误造成通货膨胀严重、贫富差距扩大，严重恶化国内经济可持续发展的基础。Astorga（2010）在对最大的六个拉美国家长达105年的面板数据的实证研究中发现，宏观经济环境不稳，尤其是通货膨胀，是拉美经济陷入泥潭的重要原因。三是资本积累差异。资本积累是促进经济长期发展和提高生活水平的必要条件。东亚国家在经济发展初期，高额的社会储蓄满足了国家对重点行业的资金扶持需求，并通过鼓励企业出口积累所需外汇。拉美国家则截然相反，Edwards（1996）对此做的经验研究表明，拉美国家政治、社会环境不稳和政府开支过大降低政府储蓄额度，金融体制的缺陷侵蚀了私人储蓄的信心，贫富失衡、人均收入偏低严重削弱政府和私人的储蓄能力，由此导致拉美经济体整个国民储蓄偏低，资本积累不足，国内发展所需资金主要依赖国外借款。但是，借贷资金低效率的使用，并没有达到扩大再生产，刺激经济增长的目的。数量庞大的外债和衍生出的利息反成为经济发展的重大障碍。Sen 等（2007）在用 1970—2000 年的面板数据检验拉美国家外债负担对经济增长的研究中证实，债务负担严重阻碍经济增长。此外，拉美国家人力资本积累也大大低于东亚国家。Hanushek 和 Woessmann（2012）研究发现，拉美国家平均教育水平大大低于东亚国家，只和撒哈拉以南非洲国家大体持平，用包含教育水平的人力资本对拉美国家与其他国家收入差距的解释力度达到 1/2 到 2/3。四是政府经济干预行为的适应性、灵活性差异。东亚模式前期政府也采取同拉美模式同样的进口替代和贸易保护等行为，但随着国际和国内经济环境的变化，政府的发展战略和干预行为发生了显著转变，从消极抑制进口转为积极鼓励、引导企业进入国际市场，通过激烈的竞争增强企业的竞争实力。拉美模式中的政府干预一直是消极的保护国内幼稚、低效工业企业，企业养成惰性，逐步失去自立能力，政府的干预行为与经济全球化的国际大趋势严重脱节。因此，拉美模式和东亚模式中政府干预行为应对外部环境变化的差异也是导致两种发展模式产生不同结果的重要原因。

第四节 后发国家赶超式发展下政府经济行为的规律

"东亚模式"和"拉美模式"是现代后发国家实现赶超的两种经济发展模式。"东亚模式"的成功和"拉美模式"的失败，并不在于东亚没有干预，而是在于东亚地区政府经济干预比拉美的政府干预更加有效，在关键时刻政府有能力引导资本积累投向正确的行业领域。Stiglitz（1996）形象地将东亚"奇迹"中资本积累的作用比作增长的"发动机"，而将政府的作用比作"化学催化剂"，通过政府的"催化剂"作用，可以产生巨大的化学反应。世界银行（2000）总结了其他发展中国家可以借鉴"东亚模式"的成功经验为，提高储蓄率、扩大投资、大力发展教育、吸引外商直接投资、积极参与经济全球化和实施有效的宏观经济政策。

英国、美国、德国和日本等国家的相继崛起，以及到东亚经济体创造的"奇迹"，跨越五百年的经济史证实了重商主义的发展模式在不同历史时期是后发国家赶超先进国家的富强之道，这些发达国家成功转型的秘诀就是通过政府保护本国幼稚工业和国内市场，建立自己的工业体系。隐藏在工业背后的本质是后发国家要紧紧抓住报酬递增的高质量经济活动，在当时的历史背景下，工业是国家富强至关重要的具有规模报酬递增的高质量经济活动，而当前全球产业价值链的分工已从传统的产业分工渗透到生产环节在不同国家层面的分离，抓住高质量的经济活动就是要牢牢抓住产业价值链的报酬递增部分（贾根良，2010）。在经济全球化、科技突飞猛进的时代，后发国家需要直接切入产业价值链的高端环节，并通过有效的政府扶持与适当保护，是谋求独立发展、赶超先进国家的重要基石和主要途径。

第四章 地方政府经济行为模式及其演变

第一节 地方政府自利行为产生的基础

在市场化进程中，作为相对独立的行为主体，地方政府自利性倾向不断凸显。地方政府的自利性是指地方政府偏离公共效用最大化的目标而追求自身效用最大化的行为属性（何显明，2008）。虽然财政激励和政治晋升激励是地方政府自利行为产生的激励基础，但是地方政府自利行为的实现还有赖于制度环境的约束软化。

一 地方政府角色的二重性

（一）公共人

"公共人"是政治学对政府及其官员的统称（李常理，2011）。作为公众利益的代理人，政府自诞生以来，就以坚持社会公正为准则。契约理论认为，政府与公众是一种契约关系，政府的合法性源于公众授权，代表公众掌握和行使公共权力，实现公共利益最大化。所谓"政者，正也"，"正"为"政"本就是对政府行为公共属性的精辟概括。亚里士多德提出的"城邦以正义为原则"以及洛克阐述的政治权利的设立"都只是为了公众福利"的思想均表明公共性是政府合法存在的基础。

在政治实践中，政府权力的公共意志与权力行使主体的私人意志存在着矛盾性，需要更好的制度设计制约私人意志的过度膨胀。政府的"公共人"价值取向也许并不完全符合现实，但它仍具有深刻的理论价值，就如理想最大的意义不在于成为事实，而在于不断改进现实。

（二）经济人

以公共利益代理人身份出现的政府理应不具有自身的效用目标，但构成政府的官僚组织都是由一个个理性的"经济人"个体组成，每个人的行为都与其自身利益紧密相连,正如马克思所说,"人们奋斗所争取的一切,都同他们的利益相关"。"经济人"假设是西方经济学建立和发展的基础。作为政治的经济学,公共选择理论认为,"政治市场"和"商品市场"并无本质差别,政治家总是在约束条件下选择使其自身效用而非公众效用最大化的方案。在公共选择学派看来,政治官员和其他理性个人一样,不会因为有了特殊身份就变成具有完全利他主义道德情怀的天使,在有限理性的支配下每个官员完全是或至少部分是自我利益的追逐者可能更符合人性的事实。

一般来讲,政府官员的利益包括薪酬增加、职位晋升等。市场化进程中,地方政府官员(尤其是官员集团内的核心官员)为了获得上级政府的肯定,实现自我利益诉求,片面追求 GDP 增长不顾资源承载能力盲目发展粗放型工业、设置地区贸易壁垒、实施政绩工程等,都表现出了明显的"经济人"特征。政府的"经济人"属性,不管主观愿意与否,它都是无法否认的事实存在。同时我们也需要看到,发掘地方政府"经济人"行为属性并非只是为了批判它。如同硬币的两面,"经济人"也具有另外的积极一面,至少具有一定的历史合理性。在市场化进程中,市场微观主体发育尚不完善、规章制度也不健全,"无为而治"的地方政府难以实现中国经济跨越式发展、赶超发达国家的总体战略。允许地方政府"经济人"行为属性合理存在,抓住地方政府效用函数的关键变量,是激发地方政府发挥主动性、创新性,革除体制积弊、推动经济增长的重要动力,40 年改革开放创造的中国经济"奇迹"就是最好的事实证明。

二 地方政府自利属性外化的制度环境

政府公共意志的践行需要相适应的制度环境给予保证,在制度环境不完善的条件下,地方政府自利属性得以外化。对于市场化进程中的中国,地方政府官员集团的不同效用函数均与地区经济增长存在着千丝万缕的联系,因而地方政府私人意志的外化主要表现为自利经济行为。

(一)市场化进程中的地方政府职能定位:发展导向型政府

地方发展型政府是指,在传统农业向现代工业社会转型的过程中,地方政府长期承担经济发展的主体地位,以推动经济发展为主要目标,并将经济增长作为执政合法性的主要来源(郁建兴、高翔,2012)。1978 年底,"以经济建设为中心"拉开改革开放的序幕。在此思想的指导下,中央政府采取行政放权、财政分权等体制性改革，赋予地方政府处理辖区经济社会事务的权限，地方政府获得本地资源调配的控制权和财政收入的支配权。同时，中央政府牢牢掌握着地方官员（主要是省级核心官员）的人事任免权，并长期以经济增长为主要绩效考核指标。必须要说明的是，中央—地方政府体制改革产生的财政分权和政治晋升的激励和约束机制只是给予地方政府发展经济的强大内在激励，内在激励的行为展现还需要适宜的外部环境相配合。在市场化进程的初期，市场微观主体——企业还非常弱小，难以起到对资源配置的重要作用。相对于市场机制而言，地方政府技术实力最为雄厚、经营理念最为现代，是充当市场主体配置资源的最好选择。这样，地方政府演变为具有特殊利益结构和效用偏好的行为主体（何显明，2007），成为促进当地经济发展的主导力量。

此外，发展导向型的地方政府自然将公共管理与服务的职能置于从属地位，导致服务型政府建设与转型始终步履维艰。

（二）制度软约束：纵向监督不力、横向监督缺乏

发展导向型的地方政府自利行为的实现是有约束条件的，这个约束条件就是制度环境所构建的边界，地方政府只能是在制度环境所限制的范围与空间里最大化自身利益。那么，什么是制度呢？根据道格拉斯·诺斯的理解，制度是决定行为主体的相互关系而人为设定的一种制约，它是整个社会的活动规则。这样，制度环境就可以限制地方政府自利偏好的过度膨胀，将地方政府的自利诉求控制在合理的范围内。在市场化进程中，由于规章制度的调整很难跟上形势发展的变化，存在着制度真空的可能。如法律、法规难以界定地方政府经济职能的边界，对地方政府而言，法无禁止则可为，导致地方政府经济行为的自主性不断增强，行为边界可以渗透到经济领域的各个方面。

选择性地履行政府职能是地方政府自利行为的另一重要表现。地方政府公共服务职能的缺失得不到及时纠正，表明现有监督机制难以有效运转，这主要体现在纵向监督不力与横向监督缺乏两个方面（郁建兴、高翔，2012）。从纵向来看，中央政府以人事权为核心的问责机制约束地方政府行为存在着明显局限性，这种体制设计虽然可以保证地方政府核心决策层的领导干部有效执行中央政府的总体意志，但受到"鞭长莫及"与信息不对称的限制，中央政府难以对地方政府的具体事务进行有效监督。此外，地方政府公共服务职能相对经济发展绩效而言难以被精确量化，进

一步弱化了中央政府的指标考核评价体系激励地方政府职能转变的实施效果。从横向来看，构成问责机制的地方人民代表大会、法院和检察院等监管职能部门都是在地方党委的领导下开展工作，相对地方政府而言，处于弱势地位。横向问责机构与地方政府更多体现的是分工协作，而不是分权制衡的关系，工作重心围绕在服务于地方经济发展的大局上，很难对公共政策的制定与执行实施有效约束，甚至对地方政府"不合法"的经济行为也多采取默许、纵容的态度。

第二节 地方政府利益偏好与经济增长

一 研究思路及计量模型构建

（一）研究思路

公共选择理论认为，政府只是一个抽象的概念。其行为主体——政府机构的组成人员与其他从业人员一样，都是由具有个人动机和个人利益的个人所组成（方福前，2000）。作为理性经济人，在一定约束条件下官员个体必然有追逐自我利益最大化的强烈动机，并选择能为自己带来最大满足的行为策略。地方政府中众多异质性的个体官员决定了官员动机的多样化，采取集体行动的必要条件是要具有相容性的集体利益激励。已有的财政激励和政治晋升激励均将地方政府官员集团的个体偏好看成是整体单一性的，逻辑难以自恰。李学文等（2012）从地方官员动机多样化的假设和官员集体行动逻辑分析的基础上，根据激励动机差异将地方官员分为两类：一是地方政府集团内的高层官员或权威官员。他们很大程度上重视政治利益远远高于经济利益，20世纪80年代以后辖区经济增长成为政府官员政绩考核的主要指标，在行政集权下为了职位升迁需尽可能将自身政治利益与中央政府的政策目标实现兼容。二是中下层官员集体。政治晋升激励的排他性难以成为中下层官员选择集体策略的激励机制。相对财政预算收入，预算外收入的非"透明性"和充分"自由裁量"作为集体利益能与不同类型官员的效用和动机密切相连，与个体利益具有极强的相容性，是地方政府集体行动的内在激励，从而可以更好解释在经济转型过程中地方政府采取高度一致的集体行为发展经济的现实。

地方政府利益偏好与经济增长的逻辑框架见图4-1。在行政集权的制度框架下，地方政府的自身利益与经济增长的绩效目标紧密相关。地方政府的高层官员在政治晋升的内在激励下将中央政府以经济增长的压力目标通过相容性的集体利益激励和层级控制驱使官员集团采取集体行动促进经济增长。当经济增长模式出现偏离，中央政府的规制调整（如财政分权等外部制度改革）也会显著改变地方政府的行为选择空间，对经济增长模式转变产生深远影响。本书以地方政府官员的集体利益偏好就是追逐充分自由裁量的预算外收入，探究地方政府利益偏好与经济增长的关系演变及地区差异。

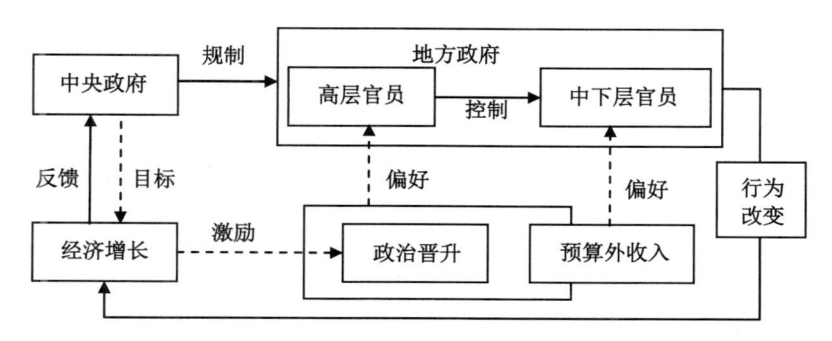

图 4-1 利益偏好与经济增长的逻辑结构

（二）基础模型构建

根据上述的理论基础、Cobb-Douglas 生产函数、巴罗的经济增长模型和研究需要，本书构建如下模型。式（4.1）为经济增长模型，式（4.2）为地方政府集体效用偏好（预算外收入）模型。为了比较特定解释变量代表的行为、制度因素对经济增长和地方政府效用的影响差异及不同阶段的效应变化，依照本书的研究目的，在模型（4.1）、（4.2）中均引入金融发展水平、贸易开放度、市场化进程、基础设施等相关控制变量。有别于一般财政分权影响经济增长的模型，本书并没有将财政分权的解释变量直接引入到式（4.1）中，是因为财政分权通过增强地方政府的内在激励和行为约束产生经济效应，在式（4.1）经济增长模型中已经直接将相应变量纳入，因此将财政分权的制度变量引入到地方政府效用偏好模型（4.2）考察其对地方政府预算外收入的影响程度。各回归变量的详细介绍见下文。

$$pgdp_{it} = \alpha_0 + \alpha_1 motiv_{it} + \alpha_2 lcapit_{it} + \alpha_3 lhuman_{it} + \alpha_4 dntev_{it} + \alpha_5 markt_{it} +$$

$$\alpha_6 infra_{it} + \alpha_7 trade_{it} + \alpha_8 finan_{it} + \alpha_9 restr_{it} + \alpha_{10} m\_restr_{it} + \alpha_{11} t_{it} + \mu_{it}$$
(4.1)

$$motiv_{it} = \beta_1 + \beta_2 pgdp_{it} + \beta_3 restr_{it} + \beta_4 press_{it} + \beta_5 decen_{it} + \beta_6 finan_{it} + \beta_7 trade_{it} + \beta_8 markt_{it} + \beta_9 infra_{it} + \varepsilon_{it}$$
(4.2)

(三) 指标、数据和来源

1. 核心变量

经济增长 pgdp 用人均 GDP 表示，并按 1985 年平减指数消涨处理。预算外收入水平 motiv 表征地方政府集体利益偏好，包括计入《中国财政年鉴》的行政事业性收费、政府性基金收入、乡镇自筹统筹资金、地方财政收入和国有企业和主管部门收入，1993 年及以后还包括未计入《中国财政年鉴》的非预算收入——土地出让金。① 图 4-2 是中华人民共和国成立以来预算外收入的时间序列及主要来源。总体来看，预算外收入增幅较大，1980 年以后呈加速增长的态势，1993 年预算外资金口径调整，企业留利被剥离，预算外收入从 1992 年的 3854.92 亿元锐减至 1993 年的 1432.54 亿元，虽然 1998 年以后国有企业和主管部门收入重新纳入地方财政预算外收入，但总量一直在 50 亿元左右徘徊，其所占比重已微乎其微。1993 年以后，土地出让金从 23.2 亿元剧增至 2010 年的 27464.5 亿元，所占预算外收入的比重逐年大幅增加。

2. 重要解释变量

①地方政府财政压力（press）用地方政府预算内财政支出比预算内财政收入表示。②财政分权度（decen）用各省人均财政收入比全国人均财政收入，根据徐永胜和乔宝云（2012）的研究，用财政收入法能较好测度中国的财政分权程度。③财政预算约束（restr）等于地方政府预算外收入占预算内收入比重的倒数，刻画地方财政的监管力度及透明度。④引入变量 motiv 和 retstr 的交互项 m_restr，用于研究地方政府追求预算外收入和财政预算约束对地区经济增长的相互影响。⑤地方政府非公共型财政

---

① 李学文等（2012）认为，土地出让金按照成交价款计算有两个原因：一是由于《中国国土资源年鉴》部分年份没有区分成交价格和纯收益。况且，统计年鉴的纯收益可能因地方政府隐瞒而偏低；二是与土地出让的巨大收益相比，地方政府的土地征收成本较低，可以忽略不计。本书预算外收入没有采用均量或比重方式衡量，目的是避免样本区人口和经济规模的影响（江克忠、夏策敏，2012）。

图 4-2　预算外收入演变态势

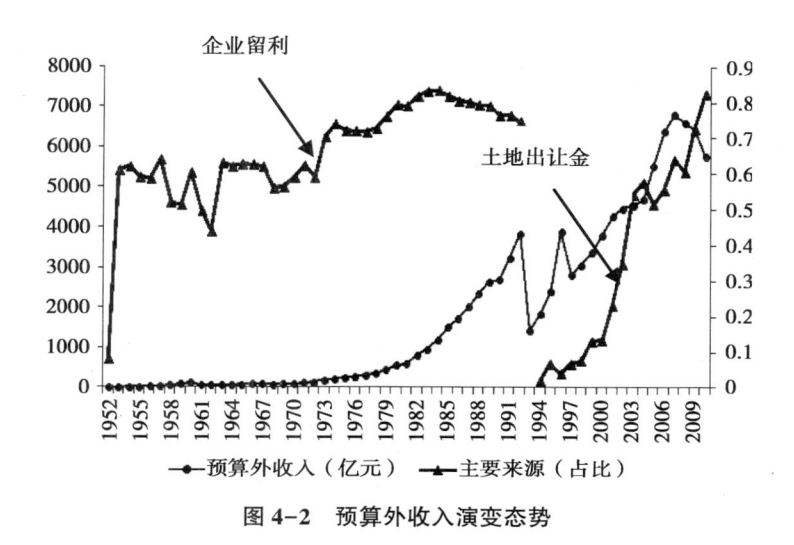

支出占比（dntev）用政府支出中扣除公共服务项目的余额占财政总支出的比重衡量，公共服务项目包括：文体广播事业费、教育支出、医疗卫生支出、抚恤和社会救济、社会保障补助支出、国防支出、武装警察部队支出和公检法司支出等八类。⑥市场化进程（markt）用城镇就业人员中非国有和集体单位人数所占比重表示。⑦基础设施完善程度（infra）等于公路里程除以省域面积。

忽视内生性的普通最小二乘估计将导致结果是有偏和非一致的，本书还同时控制了带有内生性的两个解释变量：⑧对外贸易水平（trade）用进出口贸易占 GDP 的比重表示，已有研究均已证实经济增长与对外贸易互为因果的内生性（Frankel 和 Romer，1999）。本书借鉴黄玖立和李坤望（2006）工具变量构建法，取各省到海岸线距离的倒数作为工具变量。具体做法为：沿海省份到海岸线的内部距离取所在省地理半径的 2/3，内陆省份到海岸线距离为其到最近的沿海省份距离加上该沿海省份的内部距离。距离测度采用两点间的直接距离，来源于 google map，并采用官方名义汇率进行调整反映时变动态特征。⑨已有研究对金融发展水平（finan）的测度多采用金融机构存贷款余额的绝对或相对值等单一指标来表示（李敬和冉光和等，2007；毛其淋，2012），测度结果往往存在较大偏差。本书从银行业、保险业和股票市场综合评价地区金融发展水平，采用主成分法将地区存款额、贷款额、保险费收入、保险费赔付和境内上市公司数等五个指标进行综合，全面反映各省金融发展的态势。根据已有研究，金融发展水平可能存在较强的内生性（毛其淋，2012），经过检验也证实了这点。毛其淋借鉴刘生龙和胡鞍钢（2011）的方法设置工具变量，用某项政策从设立年份到当前时间长度（年）给相应的政策进行评分。如内蒙古1992年和2002年分别获得边境经济合作区和西部大开发的政策支持，则2010年政策优惠指数为26，即［（2010—1992）+（2010—2002）］。本书也采用此类方法处理。

3. 辅助控制变量

根据经济增长理论，对经济增长模型（4.1）引入多个控制变量，包括：①人均生产性物质资本存量（lcapit），采用永续盘存法借鉴单豪杰（2008）的研究成果，各省的资本折旧率统一为10.96%，按1985年可比价格调整，并将数据延伸至2010年。由于当年的物质生产有赖于往年的资本存量，本书对该变量滞后一期处理。②人力资本（lhuman）采用6岁及以上人口的平均受教育年限表示，计算公式为：human=小学文化人口比重×6+初中比重×9+高中比重×12+大专及以上学历比重×16。统计年鉴中的人力资本数据均取自各年年末，本书对其滞后一期处理。③引入时间趋势项t，以控制时变的影响因素，如技术进步、制度环境变迁等。

4. 数据说明

本书收集了中国内地31个省1985—2010年的经济数据。除金融发展指数外，其他各变量均取自然对数。数据主要来自《新中国六十年统计资料汇编》、《中国统计年鉴1986—2011》。并对部分数据来源做如下补充说明：①预算外收入主要来自于《中国财政年鉴》，其中1992年以后土地出让金数据来自于《中国国土资源统计年鉴1999—2011》和《中国土地年鉴1993—1998》。②6岁及6岁以上学历人口数主要来自于《中国人口和就业统计年鉴》，重庆、海南升格以前数据来自于各地统计年鉴，1985年数据以第三次人口普查数据代替，1986、1987年数据缺失，进行平滑处理。③地方政府规模、财政预算约束、地方财政压力和财政分权度等财政类指标数据主要来自于《中国财政年鉴1986—2011》。④金融发展水平数据来自于《中国金融年鉴1986—2011》、国研网统计数据库、各省历年统计年鉴等。

检验分析之前，采用LLC、IPS和ADF面板单位根检验法检验各变量的平稳性，均为平稳、去截距平稳或去截距、去趋势平稳。此外，各解释变量之间的相关系数绝对值不超过 0.7，方差膨胀因子不超过 4.2，因此本书的解释变量间不存在严重的多重共线性问题。主要变量的描述性统计见表 4-1。

表 4-1　地方政府利益偏好与经济增长的主要变量描述统计

变量	描述	均值	标准差	最小值	最大值
pgdp	GDP/总人口	7.763	0.872	6.033	10.145
motiv	预算外收入	12.851	1.308	8.253	16.469
capit	人均物质资本存量	8.292	1.041	6.312	11.1
human	平均人力资本	1.906	0.268	0.412	2.44
dntev	非公共型财政支出占比	-2.019	0.465	-3.617	-0.412
markt	非国有集体就业人口/城市总人口	-1.527	1.094	-5.837	-0.13
infra	公路里程/省域面积	3.197	0.999	0.289	4.998
restr	预算外收入占预算内收入的倒数	0.288	0.498	-4.505	1.831
press	预算内财政支出/预算内财政收入	0.578	0.671	-1.386	6.261
decen	各省人均财政收入/全国人均财政收入	-0.732	0.749	-5.416	2.079
trade	进出口总额/GDP	-1.929	1.032	-3.879	1.313
finan	主成分提取金融发展指数	0	2.165	-1.315	17.359

二　整体性分析

（一）计量结果及分析

本书先对模型（4.1）单方程估计，面板 F 检验拒绝原假设，表明模型存在个体效应，不宜采用混合回归。Hausman 检验在 1% 的显著性水平拒绝采用随机效应的零假设。因此，采用固定效应估计较为合适，通过去除组间均值可以消掉不可观测的非时变异质因素造成的潜在估计偏误。对于 T 较大的面板而言，μ_i 往往无法完全反映时序相关性，此时 μ_{it} 就有可能存在序列相关，本书采用 wooldridge（2002）检验法也证实 μ_{it} 服从 AR（1）过程。N>T 的面板数据异方差检验适宜采用 Driscoll 和 Kraay（1998）提出的渐进有效非参数协方差矩阵估计方法，结果表明存在异方差。为了克服省级面板数据存在的异方差和序列相关，获得固定效应估计的稳健标准误，需要对估计参数的标准误进行 Newey & West 异方差和自相关修正，结果见表 4-2 中方程（1）。忽视方程中存在的内生变量，估计结果可能产生偏误，这时需要采用工具变量获得一致估计。在球型扰动项的假定下，二阶最小二乘估计（2SLS）是最有效率的。如果扰动项存在异方差或自相关，广义矩估计（GMM）将更加有效，结果见表 4-2 中方程（2）。方程（1）和（2）均采用单一方程估计，从模型（1）、（2）可知，一个方程的解释变量是另一方程的被解释变量，存在这种相互依存关系的经济现象用联立方程模型作为一个整体估计是最有效率的，本书采用 3SLS 估计结果见表 4-2 中的方程（3）。

表 4-2 报告的模型估计结果中，采用单一方程的 GMM 估计和 FE 估计的结果非常接近，与联立方程组 3SLS 估计基本一致，但联立方程估计的回归系数绝对值更大一些。从结果可以看到，在控制影响经济增长的相关变量后，地方政府的自利激励 motiv 仍显著促进地区经济增长，表明地方政府在我国近 30 年的经济发展中发挥了重要作用。中央对地方政府的财政约束 restr 系数在三个方程中均显著为正，增强地方政府财政预算的透明度，加强对地方政府的财政监管，有助于经济增长目标更好地实现。这两个变量的交互项 m_restr 的回归系数显著为负，表明地方政府推动经济的增长模式与中央政府的要求存在着差异。变量 dntev 的回归系数为负，减少地方政府对微观经济体的直接干预，控制政府机构规模有助于促进经济增长。

表 4-2 的估计结果中，物质资本积累 lcapit 对我国经济增长的弹性最大。以方程组（3）为例，生产性物质资本存量每增长 1%，人均 GDP 将增长 0.528%。对外贸易 trade 系数虽然在单方程（1）、（2）估计中没有通过检验，但通过方程组（3）1% 的显著性检验。整体来看，积极融入世界经济体系的改革开放有助于比较优势的发挥，极大促进了地区经济增长。但市场化进程 markt 对地区经济增长的影响并不显著。几个控制变量的回归结果与多数文献结论不同：①人力资本 lhuman 对经济增长的产出弹性为负，且回归系数的绝对值较大。改革开放以后，内陆丰富的劳动力资源涌向发达的沿海地区，虽然生产要素的自由流动可以提升资源配置效率，有助于提高整体的社会经济效益，但对流入省份的促进作用远远高过流出省份，甚至是以相对损害后者部分经济利益为代价。基于省级面板数据的分析结果就表现为人力资本与地区经济增长的负向因果关系。②变量 infra 的回归系数显著为负，基础设施建设的大规模投资、供给与需要存

在结构矛盾，导致其效率越来越低。③金融发展指数 finan 的回归系数为负，地区金融发展对经济增长不仅没有显示出促进效应，反而起着滞阻作用。说明地区金融效率不高，属于数量扩张型。

既然回归结果显示基础设施和地区金融扩张并不能促进地区经济增长，与"以经济建设为中心"的中央目标存在分歧。可现实是，地方政府推动基础设施投资的热情却仍然高涨，原因何在？张军和高远等（2007）从政治晋升视角考察了地方政府热衷改善基础设施的动机。垂直政治集权下的中央政府以经济增长绩效作为考核的主要依据，地方政府官员的"标尺竞争"主要体现在招商引资上，改善基础设施是地方政府间竞争的主要途径之一，而且基础设施的显著改善是最容易度量的政绩。还有一些学者认为基础设施投资容易滋生寻租和腐败，二者呈正相关，所以地方官员热衷于改善基础设施。这些研究结论虽有一定道理，但也有待商榷之处。张军等分析的逻辑前提是基础设施改善能够显著促进地区经济增长。傅勇和张晏（2007）等学者就曾指出地方财政支出存在重基础建设、轻公共服务的结构扭曲，必然导致重复建设，基础设施的边际效率递减。而从腐败角度解释地方政府热衷基建投资，混淆了地方官员的个体偏好与集体偏好的差异。周飞舟（2006）证实，2002 年以后地方政府对于土地开发、基础设施投资的热情高涨的重要动力来自于可以推动地方财政收入的增长。本书可以从联立方程组（3）的 motiv 回归方程中给出解释，变量 markt、infra 和 finan 三个回归系数显著为正，表明市场化推进、基础设施扩张和金融发展有助于增进地方政府预算外收入，它与地方官员的个体利益紧密关联，具有极强的相容性。

表 4-2　　　　　地方政府利益偏好与经济增长的回归结果

	(1)	(2)	(3)		(4)		(5)	
	FE	GMM	整体联立方程		阶段联立方程 I		阶段联立方程 II	
	pgdp	pgdp	pgdp	motiv	pgdp	motiv	pgdp	motiv
motiv	0.107*** (0.037)	0.093*** (0.020)	0.242*** (0.057)		0.116* (0.062)		0.241*** (0.060)	
pgdp				0.385*** (0.096)		-1.874*** (0.634)		0.517*** (0.113)
lcapit	0.335*** (0.042)	0.327*** (0.022)	0.528*** (0.038)		0.665*** (0.074)		0.481*** (0.039)	

续表

	(1) FE pgdp	(2) GMM pgdp	(3) 整体联立方程 pgdp	motiv	(4) 阶段联立方程Ⅰ pgdp	motiv	(5) 阶段联立方程Ⅱ pgdp	motiv
lhuman	-0.333** (0.147)	-0.304*** (0.072)	-0.633*** (0.215)		-0.002 (0.170)		-0.598*** (0.195)	
dntev	-0.106** (0.046)	-0.095*** (0.023)	-0.169*** (0.048)		-0.069 (0.099)		-0.186*** (0.058)	
markt	0.014 (0.024)	0.013 (0.010)	-0.012 (0.041)	0.224*** (0.051)	0.068 (0.046)	-0.347** (0.183)	0.008 (0.043)	0.276*** (0.063)
infra	-0.029 (0.042)	-0.027* (0.016)	-0.050* (0.027)	0.173*** (0.042)	0.001 (0.021)	-0.056 (0.102)	-0.040 (0.026)	0.154*** (0.043)
finan	-0.006 (0.006)	0.002 (0.006)	-0.150*** (0.049)	0.390*** (0.037)	0.221 (0.726)	10.227*** (3.109)	-0.136*** (0.042)	0.311*** (0.037)
restr	0.183*** (0.065)	0.196*** (0.050)	0.099** (0.045)	-0.876*** (0.063)	-0.062** (0.032)	-1.710*** (0.264)	0.184*** (0.067)	-0.808*** (0.085)
trade	0.013 (0.029)	0.008 (0.012)	0.311*** (0.058)	-0.537*** (0.095)	0.092*** (0.024)	-0.0757 (0.164)	0.320*** (0.050)	-0.374*** (0.106)
m_restr	-0.012* (0.007)	-0.014*** (0.004)						
t	0.054*** (0.008)	0.054*** (0.004)	0.051*** (0.012)		-0.006 (0.018)		0.049*** (0.010)	
press				-1.138*** (0.102)		-0.866** (0.362)		-1.231*** (0.123)
decen				0.102 (0.148)		1.144** (0.509)		-0.239 (0.172)
常数项	3.464*** (0.595)		1.179** (0.581)	9.606*** (0.774)	1.236 (1.992)	37.914*** (7.461)	1.490*** (0.635)	8.714*** (0.909)
样本数	775	775	744		186		527	
R^2	0.988		0.899		0.583		0.847	

说明：括号内为回归系数的稳健标准误。*、**和***分别代表10%、5%和1%的显著性水平。

方程组（3）的 motiv 回归方程中，pgdp 的回归系数通过显著性检验，为 0.385。综合分析方程组的参数估计结果可以得出，地方政府预算外收入与经济增长是相互促进的依存关系。此外，财政分权指标 decen 没有通过显著性检验，说明财政分权与否并不影响地方政府追求预算外收入的热情。从图 4-2 可以看到，1994 年财政分权后地方政府追求完全自由裁量的预算外收入热情不但没减缓，反而更趋强烈。根据变量 restr 和 trade 的系数估计，财政预算约束和对外贸易发展均能有效制约地方政府的预算外收入。使人颇感意外的是，财政压力 press 的回归系数在 1% 的水平上显著为负，地方政府的财政压力也能对当地政府追求预算外收益形成极强的制约效应。这与已有的一些研究结论相反。一些学者认为，财权与事权的不匹配使地方政府不得不寻找本地财源，拓展预算外收入来源（陶然，2009），地方财政的"饥饿效应"导致地方政府以土地征用、开发和出让作为地方财政和经济增长的主要来源（孙秀林、周飞舟，2013），但这种结论难以得到数据支持。根据《中国财政年鉴》，1991 年地方政府的财政缺口为 4% 左右，到 2010 年达 37%，虽然 1994 年后地方政府的财政支出缺口不断扩大，但中央政府的转移支付的力度也不断增强，完全填补了地方财政缺口（图 4-3）。① 周飞舟（2006）也认识到，中央政府通过分税制提高了中央财政占总财政收入的比重，然后通过转移支付的形式弥补地方财政的支出缺口。而且，专项转移支付大都带有附加条件，要求地方政府提供配套资金。因此，我们可以做出如下推断：一省财政压力越大，对转移支付的依赖性就越高，那么中央对其财政约束的力度就越强，地方政府的自利行为会受到更大程度的制约。

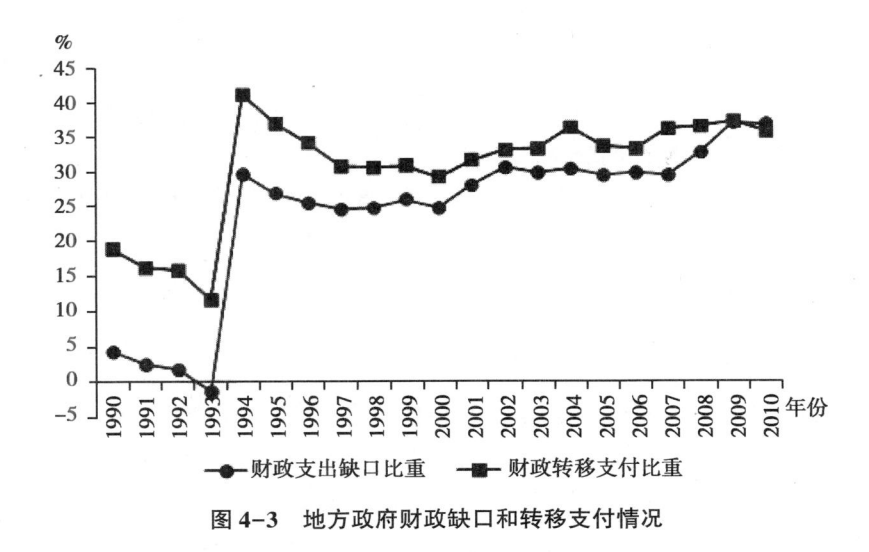

图 4-3 地方政府财政缺口和转移支付情况

联立方程组（3）的回归结果显示：基础设施建设和金融发展对经济

---

① 地方政府财政支出缺口等于地方政府财政支出与财政收入之差除以全国财政总支出；中央政府财政转移力度等于中央政府的财政转移除以全国财政总支出。

增长的效应为负，而对地方政府的预算外收入为正；对外贸易和财政压力对地方经济增长的效应为正，而对地方政府追逐自我利益的影响为负。站在地方政府的立场，选择前者的动机不难理解，但地方政府不遗余力地推动对外贸易、增加政府投资引发财政透支反过来却损害了自身利益，单从预算外收入激励难以解释。中国的行政领导体制属于党委领导下的行政首长负责制，通常"一把手"拥有较大的行政决策权。GDP 增长型的"晋升锦标赛"对地方政府集团内的权威领导拥有更大的激励动机。地方政府的高层官员可以利用等级控制强迫中下层官员采取行动，虽然违背其治下官员集团"大棒式"的等级控制可以在一时达成预定目标，长久下去决策传递必然在下层官员集团的反控制下扭曲或信息失真。地方政府高层官员经济增长式的晋升激励偏好得到满足后，需要充分考虑到组织内中下层官员集团的利益。根据方程组（3），经济增长对预算外收入的扩张效应大于后者对前者的影响，更重要的是，外部环境压力目标制约下这种共生关系是稳健、可持续的，因而实现了地方政府权威领导的个体利益偏好与官员集团内的集体利益偏好的共融。

（二）稳健性检验

为检验表 4-2 中单方程（2）和联立方程（3）估计的可靠性，本书将从以下三个方面进行稳健性检验，并与对应的基准方程进行比较。

1. 动态面板估计的稳健性

由于经济增长具有很强的历史惯性，当期的经济增长部分依赖于过去的经济增长。本书在解释变量中引入经济增长的二期滞后项，采用式（4.3）动态面板数据模型（DPD）对表 2 中方程（2）进行稳健性检验。

$$pgdp_{it} = c + \sum_{h=1}^{l} \lambda_h \cdot pgdp_{it-ih} + \alpha_1 \cdot motiv_{it} + \gamma \cdot X_{it} + v_{it} \quad (4.3)$$

模型（4.3）中，l 表示 pgdp 的滞后阶数，X_{it} 表示控制变量向量。内生变量包括 pgdp、trade 和 finan，将内生变量的两期至七期的滞后项作为工具变量，采用矩阵压缩的方式控制工具变量的个数。运用两步系统 GMM 对方程进行估计，为控制小样本条件下标准误存在的向下偏倚，采用 Windmeijer（2005）的两步系统 GMM 估计有限样本修正法。为检验动态面板回归方程设计的合理性，需要进行残差序列相关和工具变量过度识别检验。模型 Arellano-Bond 检验 AR（1）的 z 统计量 = -1.74，p = 0.081；AR（2）的 z = 0.38，p = 0.702。检验结果表明残差序列存在一阶自相关但不存在二阶自相关。采用 Hansen J 检验识别工具变量的有效性，Hansen J 统计量为 27.45，p=0.156，其原假设为过度识别检验是有效的，说明工具变量不存在过度识别的问题。动态面板估计结果见表 4-3 中的方程（2），motiv 的回归系数为正值通过显著性检验，其他控制变量的系数方向也基本与基准模型一致，说明的确存在地方政府追逐预算外收入促进地区经济增长的统计关系，表 4-2 中方程（2）的估计结果非常稳健。

2. 剔除极端样本点的稳健性

中国幅员辽阔，社会、经济发展区域悬殊。地方政府预算外收入和经济增长的地区差距很大，导致回归方程的估计结果往往容易受到极端值的影响。为此，本书将预算外收入和经济增长的最高和最低的样本点剔除，包括：上海、西藏、江苏和贵州四个省份。此外重庆、海南在升格为省级行政单位之前，部分统计数据的估计可能存在较大偏差，故此，也将其排除。利用余下的 25 个省级面板数据重新进行联立方程估计，结果见表 4-3 中的方程（2）。变量 motiv 和 pgdp 的回归系数与基准模型一致。值得说明的是，剔除了劳动力转移过程中的输出大省重庆、贵州以及输入大省上海、江苏，人力资本 human 对经济增长 pgdp 的弹性系数由负转正，且通过显著性检验，恰好证实上文关于人力资本制约地区经济增长之解释的合理性。其他控制变量的系数方向和显著性与基准模型一致，绝对值也非常接近。说明预算外收入扩张与经济增长的关系保持高度稳健，并没有受到极端样本点的影响。

3. 重要控制变量重新构造的稳健性

为确保表 4-2 中联立回归方程（3）控制变量的可靠性，本书对争论比较大的两个解释变量财政分权度 decen 和外贸依存度 trade 进行稳健性检验，回归结果见表 4-3 中的方程（3）和（4）。

财政分权的衡量包括财政收入分权和财政支出分权指标测度。徐永胜和乔宝云（2012）专门探寻了财政分权度的衡量问题，为保证估计结果的可靠性，建议采取一组的分权指标进行稳健性检验。有鉴于此，本书采用财政收入分权的指标检验表 4-2 联立方程（3）估计结果的稳健性。[①] 模型的估计结果与基准方程非常一致，财政收入分权度 decen 的回归系数也没有通过显著性检验，表明上文中地方政府追逐预算外收入不受财政分

---

① 财政收入分权度等于各省人均预算内财政收入除以全国人均预算内财政收入。

权与否影响的结论非常稳健。

外贸依存度 trade 或外商直接投资 FDI 均可以表征一地的对外开放程度。一些学者甚至认为，地方政府通过放松劳工、环保等规制竞相争夺外商直接投资，因而地方政府间的竞争主要表现为对外商直接投资的竞争。综合以上考虑，本书将 FDI 替代 trade。同理，外商直接投资与地区经济增长也存在着互为因果的内生性问题，FDI 的分布与各地的区位优劣密切相关，因此上文中外贸依存度 trade 的工具变量同样也适合做 FDI 的工具变量。西藏 1985—1997 年和青海 1990—1991 年的数据缺失，本书将其剔除。从表 4-3 的联立方程（4）的估计结果可以看到，motiv 和 pgdp 的回归系数与基准方程非常接近，FDI 的回归系数与基准方程中 trade 差别不大。受到剔除两个极端样本点的影响，人力资本 lhuman 的系数由负变正，且通过显著性检验。其他控制变量的回归结果与基准模型基本一致。

表 4-3　　地方政府利益偏好与经济增长回归的稳健性检验

	(1) DPD	(2) 剔除异常样本点		(3) decen 稳健性		(4) FDI 替换 trade	
	pgdp	pgdp	motiv	pgdp	motiv	pgdp	motiv
motiv	0.011* (0.006)	0.226*** (0.034)		0.250*** (0.058)		0.222*** (0.037)	
pgdp			0.332*** (0.097)		0.369*** (0.097)		0.538*** (0.084)
lcapit	0.017 (0.027)	0.479*** (0.032)		0.528*** (0.038)		0.462*** (0.026)	
lhuman	-0.034* (0.019)	0.070 (0.130)		-0.667*** (0.216)		0.455*** (0.127)	
dntev	-0.018*** (0.006)	-0.278*** (0.038)		-0.178*** (0.048)		0.044 (0.050)	
markt	-0.001 (0.004)	-0.019 (0.028)	0.214*** (0.052)	-0.019 (0.041)	0.233*** (0.053)	-0.077** (0.036)	0.295*** (0.053)
infra	-0.006 (0.005)	-0.058*** (0.019)	0.210*** (0.041)	-0.054** (0.027)	0.176*** (0.043)	-0.095*** (0.026)	0.099** (0.040)
finan	-0.005** (0.002)	-0.106*** (0.025)	0.348*** (0.032)	-0.157*** (0.049)	0.397*** (0.037)	-0.034* (0.021)	0.249*** (0.029)
restr	0.0160 (0.023)	0.072** (0.034)	-0.766*** (0.067)	0.104** (0.045)	-0.883*** (0.064)	0.110*** (0.038)	-0.747*** (0.056)
trade	0.020*** (0.007)	0.213*** (0.030)	-0.337*** (0.088)	0.321*** (0.058)	-0.559*** (0.095)	0.251*** (0.037)	-0.258*** (0.053)
m_restr	-0.001 (0.002)						

续表

	(1)	(2)		(3)		(4)	
	DPD	剔除异常样本点		decen 稳健性		FDI 替换 trade	
	pgdp	pgdp	motiv	pgdp	motiv	pgdp	motiv
t	0.004** (0.002)	0.036*** (0.008)		0.053*** (0.013)		0.034*** (0.008)	
press			-1.214*** (0.129)		-1.258*** (0.089)		-1.203*** (0.106)
decen			-0.104 (0.146)		0.140 (0.146)		-0.301*** (0.073)
常数项	0.200* (0.111)	0.241 (0.475)	10.205*** (0.773)	1.121** (0.582)	9.716*** (0.791)	1.028** (0.460)	8.415*** (0.795)
L1.prgdp	1.388*** (0.085)						
L2.prgdp	-0.441*** (0.083)						
样本数	744	600		744		580	
R2		0.767		0.770		0.940	

说明：括号内为回归系数的稳健标准误。*、**和***分别代表10%、5%和1%的显著性水平。

三 阶段性分析

从图4-2可知，自中华人民共和国成立以来，地方政府的预算外收入明显经历了两个不同时期。第一阶段地方政府预算外收入主要来自于国有企业和主管部门收入，1953—1992年企业留利占比约为67.8%，1980—1992年平均占比达79.6%。1993年财政部将国有企业留利和专项资金从地方政府的预算外收入剥离并随后实施了分税制改革。此后，土地出让金迅速成为地方政府预算外收入的主要来源。作为非预算收入的土地出让金增长迅猛，从当年土地出让金仅占预算外收入的1.6%，到2010年比重达82.6%，地方政府对土地出让金的依赖已经超过前段时期对企业留利的依赖程度。分阶段研究地方政府利益偏好与经济增长的关系，可以对二者的演变历程有更深入的认识。

1. 第一阶段回归结果及分析

根据1985—1992年的省级面板数据，采用3SLS估计可以得到阶段联立方程Ⅰ的回归结果，见表4-2中方程组（4）。变量motiv和pgdp的回归系数分别为 0.116、-1.874，地方政府追求预算外收入可以促进经济增长，但经济增长会显著制约地方政府的效用偏好。要理解这种结果产生的原因，必须弄清其形成机制。这段时期地方国有企业留利是政府预算外收来的主要来源。为了最大化自身利益，地方政府利用行政权力帮助本地企业保护销售市场，采用贸易壁垒、市场分割的方式阻止外地商品的流入。现有研究均已证实了市场分割对地区经济增长在统计关系上的显著效应。但是，经济增长带来的商品、生产要素的自由流动会使受到行政保护、缺乏竞争力的本地国有企业步履维艰，濒于破产境地的企业削弱了地方政府的主要财源，日益成为政府的沉重包袱。这段时期，预算约束 restr 对预算外收入和经济增长均有制约作用，变量 restr 对后者的制约源于会强化地方政府对企业留利的依赖。此外，市场化进程 markt 对经济增长的促进作用不明显，但对地方政府预算外收入的增长具有负向影响。对外贸易 trade 促进经济增长的同时，也可以制约预算外收入的扩张。财政压力变量 press 的估计结果与方程组（3）相同，可以显著制约预算外收入增长。这段时期，财政分权度 decen 可以促进预算外收入的增长。

2. 第二阶段回归结果及分析

第二阶段面板数据取自 1994—2010 年①，阶段联立方程Ⅱ的回归结果见表 4-2 中方程组（5）。各变量的回归系数与方程组（3）基本一致，在此主要讨论预算外收入与经济增长的关系。变量 motiv 和 pgdp 的回归系数均显著为正，分别为 0.241 和 0.517，预算外收入与经济增长相互依存、共同促进，运行机制与前一阶段形成鲜明反差。1993 年以后，作为预算外收入主要来源的企业留利被剥离，地方政府已经失去保护不适应市场、落后企业的动力。地方国企及乡镇企业经营状况持续恶化，不仅难以给地方政府带来实际收益，反而成为沉重的政府负担。在此背景下，20世纪 90 年代中后期掀起了地方国有及乡镇企业改制的热潮。随着 1994 年国务院下发《关于深化城镇住房制度改革的决定》及 1998 年发布《关于进一步深化城镇住房制度改革加快住房建设的通知》，城镇住房制度发生了根本变革，住房分配商品化、市场化使土地出让金成为地方政府发财致

---

① 本节的研究思路是根据预算外收入演变的结构变化分阶段对比分析。第二阶段本该从 1993 年计起，由于个别省份数据缺失，并且土地出让金初次计入可能也存在较大统计误差，故将该年剔除。

富的主要来源成为现实。物理外观的城市化成本低廉而收益巨大，因此地方政府不遗余力推行摊大饼式的土地城镇化扩张。作为理性的"经济人"，地方政府有追求自我利益的内在动力，地方政府尽管垄断了土地资源的所有权，可以随意控制供给，但想从土地出售中获取最大收益，须依托市场机制发掘潜在需求，建立繁荣的买方市场。与第一阶段借助行政手段不同，第二阶段地方政府越来越依赖市场机制来实现自身利益。因此，与市场化相关的变量 markt 和 infra，从前期制约地方政府预算外收入转变为促进预算外收入的扩张。对比两个阶段 decen 的系数，可以得知地方政府追求预算外收入并不受财政分权体制改革的影响，与方程组（3）的结论一致。

四 地区差异分析

本书借鉴许召元和李善同（2006）运用 Demurger（2001）的经济增长分解方法，按照东、中、西三大经济地带分析各地区政府预算外收入与经济增长相互影响的地区差异。根据表 4-2 方程组（3）的回归结果，以预算外收入 motiv 对经济增长 pgdp 的影响为例介绍具体步骤：计算各地区 motiv 平均值与全国 31 个省 motiv 平均值之差乘以方程（3）组中 motiv 的回归系数 0.242 的乘积所构成的时间序列（见图 4-4）。采用同样方法计算变量 pgdp 对 motiv 的影响，结果见图 4-5。

图 4-4 显示，政府预算外收入对经济增长源泉的影响的地区差异中，东部地区最高，西部地区最小，中部地区居中。东部地区预算外收入对经济增长的促进效应逐年增强，而中、西部地区则呈不断减弱的趋势。其主要原因是东部地区优越的区位是国际产业转移和人才聚集的首选之地。市场化程度最高，地方政府通过市场化的行为出售土地不仅可以获得最高的利润空间，而且土地资源可以得到更有效率的利用。李学文等（2012）区分了东中西"经营土地"方式的差异：东部地区主要采用以制造业为依托的土地经营；中西部地区直接控制土地供给，通过建立局部市场的垄断获取较高的土地出让收益。相比较而言，市场机制对土地资源配置的基础性作用，东部地区强于中部，西部地区最弱。中西部地区相对缺乏制造业支撑，主要依赖地方政府局部垄断土地供给，人为创造需求旺盛的土地市场，其经营模式对当地经济增长的贡献自然要大大低于东部地区。从时间看，1993 年以前东中西部地区预算外收入对经济增长的影响均大体保

持平稳。1993年以后，东部地区预算外收入对经济增长的贡献率不断攀升，中部地区稳中有降，西部地区则一路下行。

经济增长对预算外收入的扩张效应东部地区强于中部地区，西部地区最弱（图4-5）。1991年以前地区经济增长对预算外收入的影响基本保持平稳，1992年以后东部地区经济增长对预算外收入的影响轨迹呈倒U形，促进作用呈现先增大后缩小的走势。形成鲜明对比的是中西部地区，其运行轨迹呈浅U形，经济增长对政府预算外收入的促进效应近些年呈现增大的趋势。东部地区的土地资源开发接近饱和，地方政府可供出让的土地已非常有限，甚至一些地方出现了引来"金凤凰"却无处安窝的窘境。同时，东部地区产业结构转型与升级面临"腾笼换鸟"，需将加工工业和劳动密集型产业转移出去，但建设用地二次开发的征收成本要远高于初次开发，地方政府从中可获取的经济收益有限。随着经济增长和东部地区的产业转移，中西部地区"经营土地"所需的产业支撑越来越牢固，地方政府从中所获取的经济收益也会越来越大。

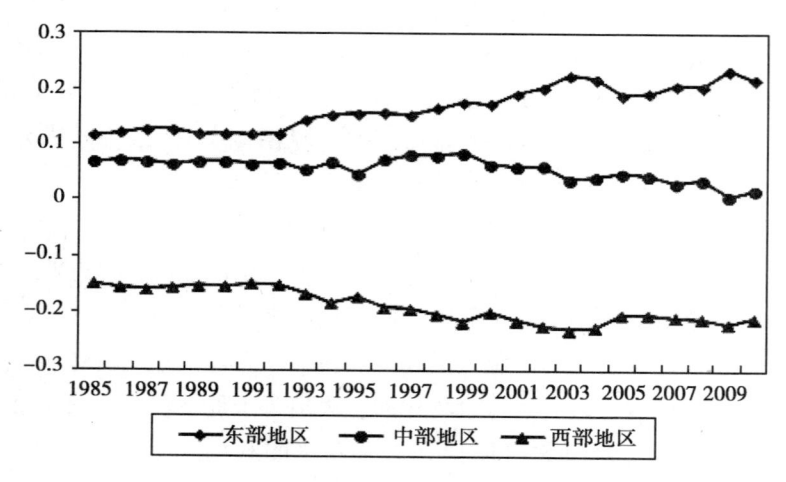

图4-4 预算外收入对经济增长影响的地区差异

五 小结

本章主要根据李学文等（2012）地方政府集体行动的激励动机就是追求预算外收入为逻辑起点，讨论地方政府预算外收入扩张与经济增长的关系。总体来看，1985—2010年地方政府预算外收入与经济增长相互依

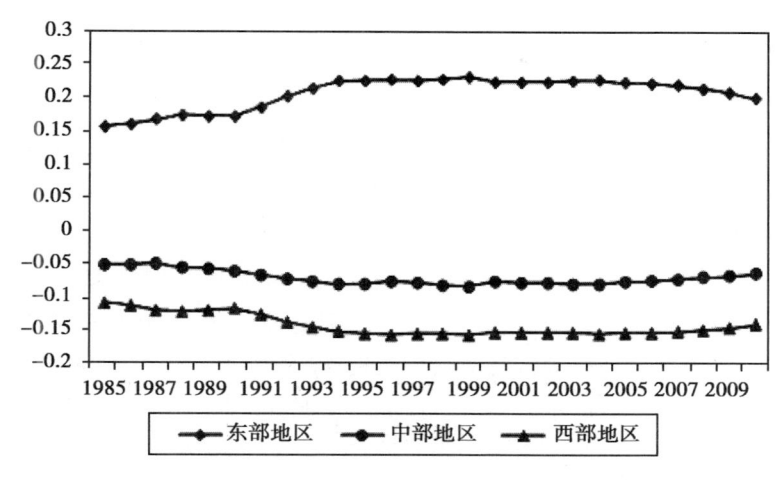

图 4-5 经济增长对预算外收入扩张影响的地区差异

存,地方政府追逐自身利益可以促进地区经济增长,推进经济增长也可以提高政府官员的效用水平,形成了互利的共生模式。分阶段看：1993 年以前,地方政府追逐预算外收入可以促进经济增长,但经济增长反过来会抑制其自身利益的扩张。1993 年以后,经济增长和预算外收入实现了高度共融。不同时期二者关系差异显著,主要是因为地方政府追逐预算外收入的行为方式发生了明显变化,由"经营企业"为主要特征的经济行为模式转变为"经营土地"的行为模式。财政体制的变革显著改变了地方政府可供选择的行为边界,导致地方政府实现自我利益行为模式的变化,促使地方政府从主要依赖计划经济手段向更加依靠市场机制实现自身效用。企业留利剥离后,地方政府追逐预算外收入对经济增长产生的推动效应远高于前期。分地区看,东部地区地方政府预算外收入对经济增长的贡献份额远大于中西部地区,中部地区次之,西部最低,这种地区差距在第二期更趋明显。然而,经济增长对预算外收入的促进效应东部地区呈现倒 U 形的缩小走势,中西部地区则呈现浅 U 形的扩大趋势。

地方政府官员的动机与行为激励,现有文献主要从"财政激励"理论和"政治晋升"理论分别展开研究。本书将地方政府官员集团（尤其是中下层官员）的"预算外收入"集体利益偏好与高层官员主要追求以经济增长为主要绩效考核指标的"政治晋升"利益偏好实现完美的融合。根据前后两个阶段实证研究结果的差异,可以进一步得出,以预算外收入为主要表现的财政激励虽然在官员集团中拥有广泛的群众基础,但对整个地方政府而言,政治晋升激励要优先于财政激励。

转型时期,中央政府以"以经济建设为中心"的目标控制,通过逐步完善的财政管理体制约束,显著改变政治集权下地方政府追逐自身利益的行为模式。在这一过程中,计划经济式的管制逐渐淡化,市场经济的色彩日渐浓厚。中央政府的整体战略目标与地方政府的自我利益激励实现共融,调动了地方政府发展经济的积极性,创造出中国式经济发展的奇迹。从发展的角度看,这种进步值得肯定。但是,唯 GDP 的目标控制使得地方政府主要依靠投资拉动经济增长导致资本边际效率钝化和地方债务危机的负效应显现,产生严重的经济、社会、资源和环境问题。中国经济总量已经跃居世界第二,粗放型的增长后继乏力,推动经济转型必须转变地方政府的行为模式,其前提是要优化地方政府的效用偏好。

鉴于地方政府的多元效用偏好中政治晋升激励大大强于财政激励,首先需要优化政治晋升激励的绩效考核评价体系。十八届三中全会明确提出"纠正单纯以经济增长速度评定政绩的偏向,加大资源消耗、环境损害、生态效益、产能过剩、科技创新、安全生产、新增债务等指标的权重"。需要强调的是,绩效考核评价体系也不能一刀切、采用同一模式,需要充分考虑到各地资源承载能力和禀赋差异,并进一步强化绩效考核指标的可信性、权威性。

第三节　地方政府经济行为模式的演变

依照行为因果链的内在逻辑,行为主体的外在行为只是意图和动机的外化。上文对地方政府利益偏好与经济增长关系的实证研究发现,以财政分权及相关体制改革为分界点,地方政府利益偏好与经济增长的关系发生显著变化。据此本书可以得出,改革开放以来地方政府前后存在的两种经济行为模式——市场分割行为模式和土地开发行为模式。已有的相关研究文献基于不同视角也验证了本书提出的地方政府两种行为模式的存在。周飞舟(2007)、孙秀林和周飞舟(2013)根据改革开放以来财政体制改革中央和地方税源结构的变化,以分税制的出台为分界线可以将地区经济发展划分为两种模式:地方政府经营企业的第一阶段发展模式和经营城市的第二阶段发展模式。陶然等(2009)根据改革进程中地方政府的激励和不同阶段面临的约束条件，认为在财政承包制时期地方经济的发展模式为保护当地国有及乡镇企业，扮演地方企业所有者角色。分税制改革以后，地方政府依靠土地出让，催生了"土地发展主义"发展模式。李学文等（2012）从地方政府的官员集团集体行动的激励基础是预算外收入，论述了分税制改革以前地方政府的"经营企业"的经济增长模式和分税制改革以后"经营土地"的经济增长模式。

一 以市场分割为主要表现形式的经营企业行为模式

20 世纪 80 年代经过几次的财政体制改革，其实质是实行财政包干制，即包死地方政府上解基数、剩余自留。在该体制下，地方财政收入的主要来源是工业企业以增值税为主的流转税类。按原料入厂和产品出厂差价征收的企业增值税，其主要特点是不管企业赢利与否，只要开工生产，就会被征税（孙秀林、周飞舟，2013）。地方政府为了增加财政收入，积极发展当地企业。更为重要的是，财政承包制的多次调整使地方政府担心中央会运用权力调整上缴额度，地方政府为了获取更多的、自主性更大的财力资源，采取"把肉烂在锅里"的策略，把预算内收入预算外化（陶然等，2009）。李学文等（2012）就此直接指出追求预算外收入是地方政府本身具有的强烈动机，在财政承包制时期，国有企业和主管部门收入是预算外收入的主要构成，来源于地方政府所控制的国有企业和乡镇企业。因此，地方政府有了发展当地企业的积极性，甚至通过政府投资企业直接干预企业的运营，扩大企业生产规模。

为了保护当地企业免受外地同类企业的竞争，地方政府竞相采用行政许可、市场封锁等各种保护手段将外来商品排除在本地市场之外。地方政府通过市场分割为本地国有及乡镇企业创造一个垄断的市场环境，让低效的当地企业尤其是乡镇企业仍能继续维持运转。在地方政府与企业的"共谋"中，双方均能获得经济收益。对于地方政府而言，可以获取由其充分自由支配的预算外收入——企业留利。

二 以土地开发为主要表现形式的经营城市行为模式

20 世纪 90 年代的分税制及相关制度改革掐断了地方政府依靠当地国有及乡镇企业获取预算外收入的途径，极大削弱地方政府兴办企业、实行市场分割的积极性。随后的市场化发展并伴随着城市化的兴起，地方政府逐渐意识到国有土地的征用与出让收益丰厚，可以成为预算外（非预算）收入的主要来源。并且，房地产业及建筑业的兴起，也可以大大提升地方政府的预算内收入主要来源——营业税的征收额。地方政府的经济行为模式转变为经营土地，地方政府获取土地出让收益的方式为运用行政权力征收农业用地，然后通过招、拍、挂等形式在土地二级市场出售，土地征用与土地出让间巨大的价差就成了可供地方政府自由支配的预算外收入。

　　地方政府之所以能够获取土地收入，是因为在土地征用和出让两个环节采用不同的方式，以行政权力、计划式的手段在土地一级市场强行征得土地，运用市场化的手段在二级市场出让土地。对于地方政府而言，征收土地是地方政府固有的权力，但构成土地出让的需求方只能是市场化的自愿行为。为了最大化土地出让收益，地方政府拥有培育市场主体、健全市场机制的积极性和内在动力，通过推动人口城市化，大力发展房地产业，构建一个供不应求的房地产市场才能使地方政府在土地出让中带来最大的经济收益。这样，地方政府在土地出让与城市建设之间形成不断推动经济增长的往复循环。通过分税制改革前后两阶段地方政府经济行为模式的比较发现，地方政府从直接干预企业、扭曲资源配置的方式获取自身利益逐步转变为依托市场、借助市场的力量实现自身利益最大化，市场配置资源的作用逐渐凸显。

　　另外，需要指出的是，地方政府所偏好的经济行为模式的塑造与维持需要借助一定的手段或外力才能实现。在这一过程中，政府投资起到举足轻重的作用。在分税制改革以前经营企业的行为模式中，地方政府主要投资于当地国有及乡镇企业，扶持企业扩大再生产，达到最大化预算内和预算外收入的目的。分税制改革以后，地方政府的投资也从前期主要投向当地国有及乡镇企业，转向投入基础设施建设。城市基础设施的改善有助于提高储备土地的区位优势，可以以更高的价格出让，获取更多经济收益。

第五章　地方政府经济行为模式对经济可持续增长的影响效应

根据"柯布-道格拉斯"生产函数可以得知，经济增长主要取决于生产要素（资本、劳动等）的投入和全要素生产率的提升。改革开放40年来取得的经济发展成就，人口红利是主要驱动力。随着城市化推进和产业结构调整，劳动力从生产率低的农业部门转移到生产率高的非农业部门，资源配置效率得到提升，以及劳动力无限供给所赢得的稳定资本报酬效应（蔡昉，2013）。随着人口红利消失和资本报酬递减，经济增长也难以持续，我国进入经济发展的"新常态"阶段。经济可持续增长就是提升经济的潜在增长率使经济发展长期保持中高速增长，提升潜在增长率的方法有两种，一种是增加要素投入，另一种是提高生产效率（陆旸和蔡昉，2016）。增加生产要素投入提升潜在增长率会受到资源环境、生态的约束和规模报酬递减的影响，只有提高劳动生产率才可以使增长效应呈现递增的趋势。

提高劳动生产率的途径有三种（蔡昉，2017）：一是提高资本劳动比率，但会受到资本报酬递减的约束，但是增加劳动力供给可以解决资本报酬递减效应；二是提升人力资本水平，这是一个长期的过程；三是提升全要素生产率，它是由资源重新配置效率和微观生产效率两部分构成。由此可见，经过"刘易斯拐点"并且人口红利消失后的经济发展"新常态"，提升潜在增长率除了提升全要素生产率获得增长动力源外，还可以通过增加劳动参与率，产业结构调整所获得的资源重新配置效应提升潜在增长率。基于上述分析，本书将经济可持续增长的源泉分解为全要素生产率、产业结构、企业效绩和劳动参与时间。生态环境也是影响经济可持续增长至为重要的外部约束条件，本书也考察了地方政府经济行为模式对能源消费的影响。

第一节 地方政府经济行为模式与全要素生产率

改革开放以来，中国经济一直保持高速增长，目前已经成为世界第二大经济体。随着刘易斯拐点和人口红利的消失，中国从二元经济发展阶段逐渐步入新古典增长阶段，资本报酬递减现象开始出现，传统的经济增长模式已经难以为继，经济可持续增长的源泉主要取决于全要素生产率的增长（蔡昉，2013）。虽然地方政府的经济行为显著促进经济增长，但对经济可持续增长的源泉——全要素生产率究竟产生何种影响，还需要进一步的经验检验。

一 研究框架

改革开放后的 40 年，地方政府的经济行为发生了显著变化。地方政府行为模式的改变都是在行政集权下的中央政府制定的制度规则有效约束下的理性行为选择。依据经济发展模式，可以以 1994 年的分税制改革为界划分为两个阶段。80 年代初至 1993 年，中央与地方基本实施"分灶吃饭"的财政承包合同制，这种"包死上解基数、超收自留"的财政分权与按属地原则划分企业流转税，将工商企业税收与地方政府的财政收入紧密结合，激励了地方政府兴办企业尤其是乡镇企业的积极性（周飞舟，2006、2010）。但是，地方政府再高的财政收入边际分成也难以掩饰对中央政府运用权力调整财政体制的担忧。事实上，由于财政包干制大大削弱了中央预算收入比重，为了扭转局面，财政体制分别在 1980、1985 和 1988 年经过三次大的调整。因此，地方政府通过自己掌握的地方国有企业和乡镇企业隐藏企业利润，将预算内收入转为预算外收入，实行"把肉烂在锅里"的策略避免中央政府的利税争夺（陶然，2009）。"预算外收入"进而成为地方政府集体行动的激励基础（李学文等，2012），地方政府通过兴办和发展隶属企业形成以"经营企业"为特征的经济增长模式。为了最大化预算外收入，地方政府采取地区封锁、市场分割等经济行为保护辖下地方国有及乡镇企业免受外地企业竞争。

财政分权促进了工业化，但也带来中央财政收入分别占国内生产总值和财政总收入两个比重的下降，中央政府终于在 1994 年实施以财政收入集权为特征的分税制改革，不仅将规模最大的工业企业征收的主要税种——增值税按中央和地方75%和25%的比例划为共享税，而且将国有企业留利及专项基金从地方政府的预算外收入中剥离。地方工商企业的税收大部分被国税系统收缴中央，导致地方政府兴办、经营企业承担的风险与获得的收益失衡，地方政府扶持所属工业企业的动力消退，产权不明、经营和管理低效的地方国有和乡镇企业纷纷改制。分税制改革以后，地方财政收入结构发生明显改变，财政收入来源更加依赖以建筑业和第三产业为主要征收对象的营业税（孙秀林、周飞舟，2013）。并且，地方政府代表国家垄断土地资源，在城市开发中靠廉价征收农村集体农业用地再通过"招、拍、挂"等市场途径转手卖给房地产开发商即可获得数倍甚至数十倍的土地出让收益，这种成本低、收益高、见效快具有完全自由裁量权的非预算收入——土地出让金是地方财政收入的另一重要来源，并且逐步成为地方财政收入的主力。而且，城市化的兴起也为地方政府通过土地开发实现这种自身利益偏好提供了极好的历史机遇和发展环境。地方政府城市建设、基础设施投资的热情日益高涨。

总体来看，中央—地方财政体制的变化，显著改变了地方政府经济行为模式。本节重点分析分税制前后地方政府以"市场分割"为主要表现形式的经营企业行为模式和以"土地开发"为主要表现形式的经营城市的行为模式对经济可持续增长的源泉——全要素生产率的作用及影响途径。同时，地方政府经济行为模式的塑造需要地方政府通过投资来实现，政府投资在地方政府经济行为模式对全要素生产率的影响中会起到重要作用。本节的研究框架见图5-1。

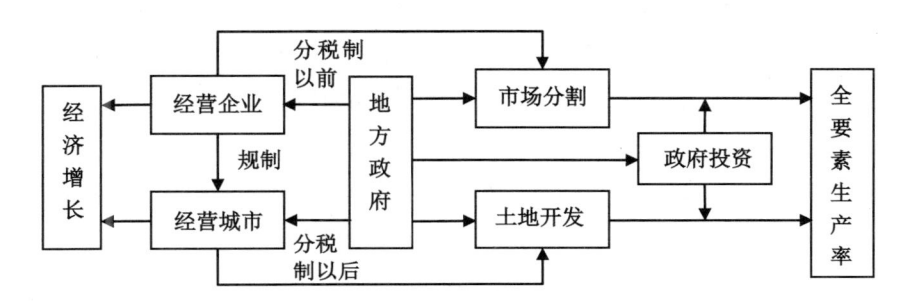

图5-1 地方政府经济行为影响全要素生产率的研究框架

二 计量模型及数据说明

(一) 基础模型构建

根据内生增长理论,并借鉴 Coe 和 Helpman (1995)、Levin 和 Raut (1997)、Miller 和 Upadhyay (2002)、毛其淋和盛斌 (2011) 的理论模型并进行拓展。全要素生产率受多种因素的影响,如对外开放、人力资本等,并结合上文的理论分析,地方政府经济行为对于全要素生产率具有显著影响。基于柯布-道格拉斯生产函数建立生产函数形式为:

$$Y = A(behav, inves, contr) F(K, L) \tag{5.1}$$

其中,K 和 L 分别为影响经济增长的资本存量和劳动力数量。$A(\cdot)$ 表示希克期中性技术进步的影响因素。$behav$ 为地方政府的行为模式,分别表示分税制改革前、后的市场分割 $segme$ 和土地开发 $land$。同时引入地方政府直接投资变量 $inves$,以考察不同时期的影响及差异。$contr$ 表示影响全要素生产率的其他变量。

令 $\dfrac{Y}{F(K, L)} = tfp$,即为全要素生产率,将式 (5.1) 变形为:

$$tfp_{it} = \alpha_0 + \alpha_1 behav_{it} + \alpha_2 inves_{it} + \lambda contr + \mu_{it} \tag{5.2}$$

其中,下标 i 为省份,t 为年份,λ 为控制变量的系数向量,μ_{it} 为随机误差项。

(二) 指标度量及描述性分析

1. 核心变量

全要素生产率 (tfp)。目前全要素生产率的测算主要有索洛余值法、随机前沿生产函数法和非参数估计方法三种,各有优缺点。本书采用 Fare 等 (1994) 改进后的非参数方法——以数据包络分析 (DEA) 为基础的 Malmquist 指数产出导向法进行全要素生产率的测算。

根据 Fare 等 (1994) 的方法,假定投入产出组合为 (x_t, y_t),t 为时期。本书以 28 个省区作为基本决策单元 (DMU),要测算各决策单元 1985—2011 年的全要素生产率,假定 k ($k=1, \cdots, 28$) 为省区,n ($n=1, \cdots, N$) 为要素投入,t ($t=1985, \cdots, 2011$) 为时期数,则投入要素为 $x_n^{k,t}$,产出为 y_k^t。根据数据 t 期规模报酬不变的技术前沿可以表示为:

$$S^t = \left\{ (x^t, y^t) : y^t \leqslant \sum_{k=1}^{28} z^{k,t} y^{k,t}; \sum_{k=1}^{28} z^{k,t} x_n^{k,t} \leqslant x_n^t; z^{k,t} \geqslant 0 \right\}$$

其中，$z^{k,t}$ 为要素强度变量（intensity variable），衡量在某一强度下的技术结构。基于产出 t 期的 Farrell 的技术效率的线性规划计算公式为：

$$(d^t(x^{k,t}, y^{k,t}))^{-1} = \max \theta^k$$

$$s.t. \begin{cases} \theta^k y^{k,t} \leq \sum_{k=1}^{28} z^{k,t} y^{k,t} \\ \sum_{k=1}^{28} z^{k,t} x_n^{k,t} \leq x_n^{k,t} \\ z^{k,t} \geq 0 \end{cases}$$

其中，$(d^t(x^{k,t}, y^{k,t}))^{-1}$ 的值反映对技术前沿的偏离距离，若 $(d^t(x^{k,t}, y^{k,t}))^{-1} = 1$ 则表明该 DMU 处于技术前沿水平上，生产过程是有效率的。由于 Malmquist 指数的计算需要两期的距离函数的信息，在测算了 t 期的技术条件下，$t+1$ 的技术效率变化的计算公式为：

$$(d^t(x^{k,t+1}, y^{k,t+1}))^{-1} = \max \theta^k$$

$$s.t. = \begin{cases} \theta^k y^{k,t+1} \leq \sum_{k=1}^{28} z^{k,t} y^{k,t} \\ \sum_{k=1}^{28} z^{k,t} x_n^{k,t} \leq x_n^{k,t+1} \\ z^{k,t} \geq 0 \end{cases}$$

Malmquist 指数是计算 t 期到 $t+1$ 全要素生产率的变化，方法为：

$$M^{t+1}(x^{t+1}, y^{t+1}, x^t, y^t) = \frac{d^{t+1}(x^{t+1}, y^{t+1})}{d^t(x^t, y^t)} \times \left[\left(\frac{d^t(x^{t+1}, y^{t+1})}{d^{t+1}(x^{t+1}, y^{t+1})} \right) \left(\frac{d^t(x^t, y^t)}{d^{t+1}(x^t, y^t)} \right) \right]^{1/2}$$

式中，Malmquist 指数由 t 期到 $t+1$ 期的技术进步（tech）和综合技术效率（effi）两部分组成，即：

$$effi = \frac{d^{t+1}(x^{t+1}, y^{t+1})}{d^t(x^t, y^t)}, \quad tech = \left[\left(\frac{d^t(x^{t+1}, y^{t+1})}{d^{t+1}(x^{t+1}, y^{t+1})} \right) \left(\frac{d^t(x^t, y^t)}{d^{t+1}(x^t, y^t)} \right) \right]^{1/2}$$

如果 $M(\cdot) = 1$，表明 $t+1$ 期相对于 t 期全要素生产率没有发生改变；$M(\cdot) > 1$，则表明 $t+1$ 的生产率有了提高。投入指标为资本存量和劳动力，以地区生产总值 GDP 为产出指标（资本存量和地区生产总值均以 1985 年为基期进行价格调整），测量各省份的 Malmquist 指数（tfp）。估算所需的各省 GDP 和劳动力数据直接来源于《中国统计年鉴》。各省资本存量统计年鉴上没有直接数据需进行估算，本书沿用单豪杰（2008）的方法采用永续盘存法测算 1985—2011 年各省份的资本存量：$K_t = (1 - \sigma)K_{t-1} + I_t/P_k$，其中 K 为资本存量，σ 为折旧率。本书取 10.96%，P_k 为固定资产价格指数。

全要素生产率变动的基准为 1，大于 1 即为本年相对于上一年全要素生产率提升，小于 1 说明本年全要素生产率相对下降。如图 5-2 所示，1985—1990 年全要素生产率 tfp 滑，1991 年起 tfp 均呈增长态势，但增长幅度逐渐减弱，最近四年呈下降走势。技术进步 tech 的演变与 tfp 基本一致。形成鲜明对比的是综合技术效率 effi 的走势，前五年综合技术效率呈上升态势，1990 年起技术效率开始下降，但下降幅度逐渐缩小。总体来看，技术进步是推动我国全要素生产率增长的主要来源。

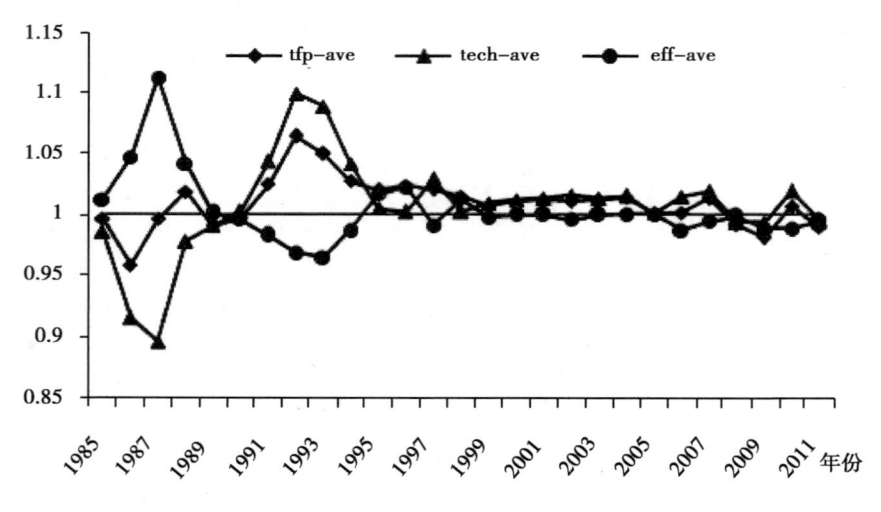

图 5-2　全要素生产率演变趋势

地方政府经济行为模式 behav 分别用分税制改革以前地方政府的市场分割指数和分税制改革以后的土地开发变量表征。

市场分割（segme）的测度很多学者尝试了不同的方法，主要有"贸易法"、"生产法"、"经济周期法"，但都存在着显著缺陷，价格指数法直接测度地区市场的分割状态是目前较为普遍采用的。桂琦寒等（2006）借鉴 Poncet（2003）使用的市场分割指数原理，将原始农产品的价格信息扩展至9种商品,本书的地区市场分割指数测度也采用此类方法,为了使测度结果更全面、客观,将原始的商品价格信息数量延伸至11种,同时剔除"鲜菜"容易腐烂商品对地区价格信息的干扰。本书采集的商品价格信息种类包括:粮食、油脂、肉禽蛋、饮料烟酒、服装鞋帽、中西药品、书报杂志、文化体育用品、日用品、燃料和机电产品。2002年以后商品种类发生变化,为了保证数据的连续性,将肉蛋禽替换为肉禽及其制品,中西药品替换为中西药品及医疗用品,书报杂志替换为书报杂志及电子出版物,文化体育用品替换为体育娱乐用品,机电产品替换为建筑材料及五金电料。

地区市场分割主要表现为对输入商品的限制形成的"边界效应",同时为了尽可能避免幅员辽阔的自然、地理差异造成的地区间价格误差,本书依据省际接壤的原则,根据《中国统计年鉴》中的分地区商品零售价格指数,构造了27年121对邻近省份的相对价格,共可以得到35937个(11×121×27)样本数据差分形式的相对价格指标 $|\Delta Q_{ijt}|$,计算方法为:

$$\Delta Q_{ijt}^k = Ln(P_{it}^k/P_{jt}^k) - Ln(P_{it-1}^k/P_{jt-1}^k) = Ln(P_{it}^k/P_{it-1}^k) - Ln(P_{jt}^k/P_{jt-1}^k)$$

式中 i,j 表示两个相邻省份,t 表示年份,k 表示第 k 种商品。为了消除商品的异质性,可以通过去均值的方法消除与特定商品种类相联系的固定效应:$q_{ijt}^k = |\Delta Q_{ijt}^k| - \overline{|\Delta Q_t^k|}$,其中 q_{ijt}^k 是剔除了系统偏误的相对价格变动部分,$\overline{\Delta Q_t^k}$ 为121对相邻省份在 t 年第 k 种商品 $|\Delta Q_{ijt}^k|$ 的平均值。再计算各对相邻省份11种商品价格相对变动的方差 $Var(q_{ijt}^k)$,共得出3267个(121×27)个观测值。最后计算特定省份市场分割指数 $Var(q_{nt})$ 等于其与n个相邻省份 $Var(q_{ijt}^k)$ 的平均值,共得到756个(28×27)观测值。

地方政府的"土地开发"(land)可以从土地出让面积或土地出让收益衡量,但均存在一些问题。从土地出让面积衡量地方政府的经济行为存在的问题主要是行为动机与行为产生的后果会产生矛盾,地方政府土地开发是为了获取尽可能多的土地出让收益和税收,而不是为了最大化土地出让面积,沿海省份的土地出让面积可能比内陆省份的少,但土地出让收益却要高很多,采用土地出让面积衡量会产生很大偏误。从土地出让收益角度衡量也存在一些问题,土地出让包括预算内税收收入和预算外非税收收入，单一的土地出让金不仅没有涵盖全部土地出让收入，而且受统计数据的限制，土地出让金中的征地成本也难以剔除。有鉴于此，本书采用房地产开发投资额占固定资产投资比重作为地方政府土地开发的代理变量，间接测度地方政府土地开发为特征的经济增长模式。比重越大，表明地方政府的财政收入和经济增长对土地开发的依赖越大。数据主要来自《新中国60年统计资料汇编》和《中国统计年鉴》。

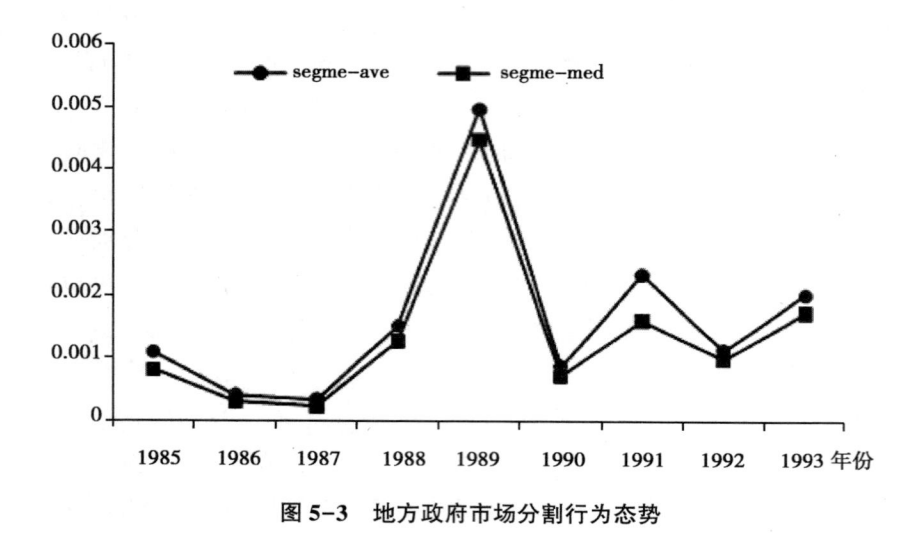

图 5-3 地方政府市场分割行为态势

图 5-4 地方政府土地开发行为态势

地方政府的行为模式演变见图 5-3、图 5-4。1985—1989 年，地方政府市场分割程度日趋严重，虽然在 1989 年以后有所减弱，但总体来看，分税制改革以前的市场分割程度呈加剧态势。另外，从各年市场分割指数的平均值（segme-ave）与中位数（segme-med）的离散程度可以看到，各省的市场分割程度差异不大。1993 年分税制改革以后，地方政府以土地开发为主要特征的行为模式不断固化，对土地开发的依赖程度日益增强。土地开发的均值（estat-ave）和中位数（estat-med）的离散程度显示，各省土地开发差异性相对较大，主要由于沿海省份和内陆省份地方政府对土地开发程度和所获得的收益差异悬殊。

政府直接投资（inves）。地方政府直接投资是塑造经济行为模式的基础，也是影响全要素生产率的重要因素。由于在统计年鉴里并不直接存在政府投资这个指标，本书借鉴张卫国等（2010）的测算方法，用政府财政支出扣去文体广播事业费、教育支出、医疗卫生支出、抚恤和社会救济、社会保障补助支出、国防支出、武装警察部队支出和公检法司支出等公共性支出后占地区生产总值的比重来衡量。数据主要来自历年《中国财政年鉴》。

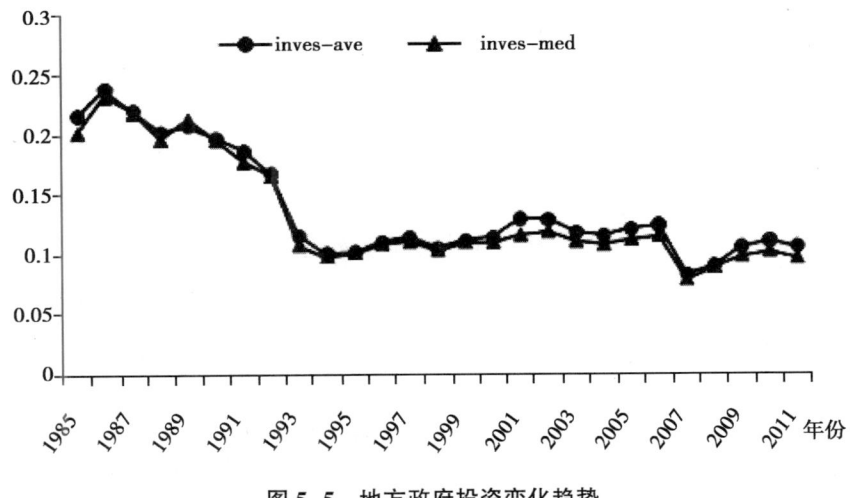

图 5-5 地方政府投资变化趋势

地方政府直接投资的演变（图 5-5）显示，政府干预经济的比重呈下降走势，1985—1993 年这段时期政府投资的下降幅度很大，1994 年以后大体保持在 10% 左右的水平。各省直接投资水平的均值（inves-ave）与中位数（inves-med）离散程度不是很大，表明各省的政府直接投资程度差异不大。

2. 重要控制变量

对外贸易水平（trade）。采用进出口贸易额与 GDP 的比值衡量各省对外贸易状况。在计算时，需将以美元标价的贸易额按当年年均汇率折算成人民币，数据主要来自《新中国六十年统计资料汇编》以及历年《中国统计年鉴》。

人力资本水平（human）。人力资本是影响全要素生产率的重要因素之一，是技术研发的实施主体，可以促进当地技术进步。本书参照多数文献的做法，以人均受教育年限衡量人力资本，分别将小学、初中、高中和大专以上受教育年限赋值为 6 年、9 年、12 年和 16 年，用各类受教育人数所占比重加权求和得出各地区人力资本水平。数据主要来自历年《中国人口和就业统计年鉴》。

市场化进程（markt）。市场化促进了生产要素的流通，优化了资源配置效率。本书采用非国有和集体就业人数所占比重衡量，数据主要来自《中国人口和就业统计年鉴》。

外商直接投资（FDI）。外商直接投资是技术溢出的重要渠道之一，很多文献研究了二者间的因果关系，本书采用外商直接投资金额占地区生产总值的比重衡量。数据主要来源于《新中国六十年统计资料汇编》和历年《中国统计年鉴》。

人均研发资本存量（prd）。研发资本存量采用永续盘存法，借鉴白俊红和江可申等（2009）的做法：$R_{it} = (1-\delta) \times R_{i(t-1)} + F_{i(t-1)}$，$R_{i0} = F_{i0}/(g+\delta)$。式中 R_{i0}、R_{it} 分别为 i 地区基期和第 t 期实际研发资本存量，g 为考察期内 R&D 支出增长率，δ 为折旧率取值 15%。R&D 调整的价格指数分别按照消费价格指数和固定资产投资价格指数 0.55 和 0.45 的权重值加权求和得出。原始数据主要来自《中国科技统计年鉴》。

金融发展（finan）。徐建军和汪浩瀚（2009）、林季红和郭志芳（2013）证实了金融市场对全要素生产率的重要影响，地区金融发展涉及银行、股票和保险多个市场，单一指标衡量极易导致严重偏差，有别于现有文献采用单一指标衡量，本书采用人均存款、人均贷款、保险费收入占 GDP 比重、保险费赔付占 GDP 比重和境内上市公司数五个指标综合衡量地区金融发展程度。首先采用均值化方法对各指标进行无量纲化处理保留指标的离散特征，借鉴毛其淋（2012）的做法以协方差矩阵作为主成分分析的输入，特征值大于1且主成分累计贡献率大于85%的标准提取主成分个数，本书提取的第一主成分占全部信息量的85.66%，基本可以反映全部指标的信息量。数据主要来自《中国金融年鉴》。

3. 数据说明

样本数据涵盖1985—2011年中国内地28个省、区、市，剔除数据不全的西藏、海南和重庆。除金融发展水平外，其他各变量均取自然对数。各变量的描述性统计见表5-1。在进行估计时，为了避免模型中指标测量误差或遗漏变量造成的各解释变量与残差项相关引起的内生性问题，下文的计量模型中均将内生变量以外的其他解释变量滞后一期处理。

表5-1　经济行为模式影响全要素生产率的主要变量描述性统计

变量	描述	均值	标准差	最小值	最大值
lnsegme	市场分割的对数	-6.905	0.990	-9.100	-4.323
lnland	房地产投资占比的对数	-2.071	0.560	-3.681	-0.540
lninves	政府非公共性支出比重的对数	-2.064	0.414	-3.617	-0.950
lntpf	全要素生产率的对数	0.007	0.038	-0.122	0.142
lntech	技术进步的对数	0.006	0.047	-0.184	0.142
lneffi	综合技术效率的对数	0.002	0.041	-0.160	0.201
lntrade	进出口贸易占GDP比重的对数	-1.911	1.055	-3.879	1.313
lnhuman	平均人力资本的对数	1.943	0.221	1.120	2.447
lnmarkt	市场化进程的对数	-1.494	1.097	-5.837	-0.130
finan	金融发展水平	0.019	1.025	-0.639	9.034
lnFDI	外商直接投资占比的对数	-4.423	1.585	-10.738	-1.417

三　全要素生产率的整体分析

（一）面板probit回归

Hausman检验在1%的显著性水平下拒绝原假设，表明采用固定效应估计比随机效应更合适，经检验省级面板模型存在异方差，需要对估计参数的标准误进行White异方差修正。结果见表5-2第1、3列。固定效应回归结果显示，政府投资在分税制以前对全要素生产率的影响不显著，分税制以后可以显著促进全要素生产率的增长，分税制前、后"市场分割"和"土地开发"的行为模式均对全要素生产率具有制约效应。

为了检验模型估计的可靠性,本书进一步采用面板 probit 模型对基础方程(5.3)进行估计。依照 Malmquist 指数的含义,本年度相对于上一年全要素生产率有所提高的赋值为 1,相对于上年有所下降的赋值为 0。面板 probit 模型的回归结果见表 5-2 第 2、第 5 列。两种回归模型所得结论基本一致。回归结果显示,分税制前、后地方政府经济行为模式对全要素生产率的影响既有相同点又有明显差异。相同点是分税制前、后地方政府行为模式均显著制约全要素生产率增长。差异主要体现在:分税制以前,地方政府投资对全要素生产率的影响不显著,分税制以后可以显著促进全要素生产率的提升。两种行为模式下政府投资的影响差异主要是由于地方政府的投资策略发生显著变化,在分税制以前,地方政府将投资主要集中在地方国有及乡镇企业,通过兴办和发展隶属企业,形成以"经营企业"为主要特征的地方保护主义经济增长格局(李学文等,2012),这种盲目扩大企业规模、保护落后产能的政府投资显然难以促进全要素生产率提升。分税制改革以后,地方政府的投资从以前直接干预企业逐渐转向基础设施建设,通过改善城市的硬件环境,提升土地开发的经济效应。同时,基础设施的改善也产生了积极的外部效应,有助于企业减少运营成本,促进产业集聚,因而可以显著促进全要素生产率提升。

顺便有必要对控制变量的影响做一分析,这将有助于加深了解两种经济行为模式的影响差异。分税制以前,在地方政府以市场分割为主要表现形式的行为模式中,外商直接投资、对外贸易对全要素生产率的影响均不显著,在分税制改革以后的土地开发行为模式中,均能显著促进全要素生产率的影响。前、后两个计量模型中控制变量的作用差异也与地方政府经济行为模式改变紧密相关。分税制改革以前,在地方政府经营企业式的"诸侯"经济增长格局中,外商直接投资和对外贸易的技术溢出效应由于市场分割受到扭曲导致路径不畅。分税制改革以后,地方政府对市场化态度转为积极,地区市场壁垒大大削弱,技术溢出效应得以显现。1994 年伴随分税制改革的同时,还有金融体制改革,金融发展变量在改革前后呈现截然相反的效应,从极大促进全要素生产率增长转变为显著制约全要素生产率提升。这主要是由于金融改革以前存在严重的金融约束与抑制,使得金融发展对资源配置的边际效应更高。金融体制改革以后,以国有商业银行为主体的金融体系在地方政府经营城市的行为中,借贷资金多数流向具有更高收益的房地产领域或通过地方政府融资平台进入地方债务融资循环中，实体经济尤其是中小企业不仅难以获得资金融通，而且虚拟经济的高收益拉高了借贷成本，使金融资本并没有进入制造业，陷入"自我循环"——"货币空转"，导致实体经济萎缩，进一步扭曲资源配置。

表 5-2　　　　　　　　　全要素生产率 lntfp 的估计结果

	市场分割				土地开发		
	1	2	3		4	5	6
固定模型	probit 模型	门槛模型		固定模型	probit 模型	门槛模型
lnhuman	0.083 (0.067)	-0.449 (1.081)	-0.012 (0.035)	lnhuman	-0.022 (0.036)	0.413 (1.228)	0.008 (0.021)
lnmarkt	0.022 (0.014)	0.652** (0.264)	0.022** (0.010)	lnmarkt	-0.005 (0.009)	-0.224 (0.178)	-0.013*** (0.003)
finan	0.265*** (0.088)	16.046*** (4.798)	0.048 (0.006)	finan	-0.004** (0.002)	-0.507** (0.141)	-0.004*** (0.002)
lnFDI	0.004 (0.005)	0.030 (0.030)	0.007** (0.013)	lnFDI	-0.002 (-0.002)	0.226* (0.133)	-0.003 (0.002)
lntrade	0.041** (0.017)	-0.034 (0.195)	0.025 (0.001)	lntrade	0.011** (0.005)	0.892*** (0.198)	0.018*** (0.004)
lninves	0.058* (0.032)	-0.228 (0.480)		lninves	0.029** (0.029)	1.692*** (0.422)	
lnsegme	-0.010*** (0.003)	-0.244** (0.108)		lnland	-0.011** (0.005)	-0.403** (0.211)	
α_1			0.003 (0.003)	α_1			-0.003 (0.004)
α_2			-0.011*** (0.004)	α_2			-0.004 (0.005)
α_3			-0.017*** (0.004)	α_3			-0.002 (0.004)
常数项	0.220 (0.218)	10.092** (4.038)		α_4			-0.009** (0.004)
				常数项		4.775*	
对数似然值		-129.731		对数似然值		-244.336	
Wald chi2		28.33***		Wald chi2		58.03***	
R^2	0.467		0.311	R^2	0.177		0.237
N	224	224	252	N	476	476	504

注：***、**、*分别表示在1%、5%和10%的水平下显著。probit 模型采用随机效应估计。α1 至 α4 为从低到高不同投资区间下地方政府行为模式。

(二) 面板门限回归

无论是分税制改革以前的"市场分割"行为，还是分税制改革以后的"土地开发"行为,地方政府的直接投资在其中起到极其重要的作用,经济行为模式的形成均需要通过地方政府直接投资予以强化和塑造。基于上文理论分析,本章提出如下经验假说:

经验假说:不同投资水平下,地方政府的经济行为模式对全要素生产率的影响具有显著差异。地方政府投资水平高的地区,其经济行为模式对全要素生产率的影响程度更深。

1. 模型设定及估计方法

为了检验经验假说是否成立,本书采用 Hansen(1999)发展的面板门限模型,它可以根据数据本身的特点精确划分投资区间,避免人为主观划分不同投资区间可能带来的统计偏误,进而研究不同政府投资区间内地方政府经济行为对全要素生产率影响变化。单一面板门限模型为:

$$\ln tfp_{it} = \mu_{it} + \lambda' cont\ r_{it} + \alpha_1 behav_{it} I(inves_{it} \leq \gamma) + \alpha_2 behav_{it} I(inves_{it} > \gamma) + \varepsilon_{it} \tag{5.3}$$

进一步可以扩展两门限模型如下:

$$\ln tfp_{it} = \mu_{it} + \lambda' cont\ r_{it} + \alpha_1 behav_{it} I(inves_{it} \leq \gamma_1) + \alpha_2 behav_{it} I(\gamma_1 < inves_{it} \leq \gamma_2) + \alpha_3 behav_{it} I(inves > \gamma_3) + \varepsilon_{it} \tag{5.4}$$

多重门限模型再依此进行扩展。下文详细介绍单一门限模型的设定。式(5.3)中,地方政府投资 inves 作为门槛变量,γ 为门槛值。$I(\cdot)$ 为一指标函数,即括号中的条件满足时取值为 1,否则为 0。μ_{it} 反映不可观测的省份个体效应。ε_{it} 为随机干扰项。首先通过组内去均值消除个体固定效应。对于某一给定的 γ,系数 α_1 和 α_2 通过 OLS 的估计值记为 $\hat{\alpha}_1(\gamma)$ 和 $\hat{\alpha}_2(\gamma)$,相应的残差平方和为:$S_1(\gamma) = \sum_{i=1}^{N}\sum_{t=1}^{T}\hat{\varepsilon}_{it}^2(\gamma)$。通过最小化残差平方和 $S_1(\gamma)$ 来获得 γ 的估计值,即 $\hat{\gamma} = \arg\min_{\gamma} S_1(\gamma)$。进而可以得到 $\hat{\alpha}$、残差向量和残差平方和的估计值。然后需对门限变量做两个方面的检验(连玉君、程建,2006):一是门槛效果的显著性,原假设 H_0 为:$\alpha_1 = \alpha_2$,H_0 检验统计量为:$F_1 = \dfrac{S_0 - S_1(\hat{\gamma})}{\hat{\sigma}^2}$。式中,$S_0$ 为在原假设下得到的残差平方和。由于在原假设下门限参数 γ 不可识别导致 F_1 统计量的渐进分布是非标准的,Hansen 建议采用"自举抽样法"获得 F_1 渐近标准分布,从而

获得到显著性水平 P 值。二是门槛的估计值检验，$H_0: \gamma = \gamma_0$，检验统计量为：$LR_1(\gamma) = \dfrac{S_1(\gamma) - S_1(\hat{\gamma})}{\hat{\sigma}^2}$，该统计量的分布也是非标准的，其显著性检验根据 $LR_1(\gamma_0) \leqslant -2\ln(1-\sqrt{1-p})$ 计算。当该式满足时，不能拒绝原假设。

表5-3　　　　　　　　　　　门槛效果检验

市场分割行为门槛检验					
模型	F 值	P 值	临界值		
			1%	5%	10%
单一门槛	11.619***	0.000	6.749	4.371	2.943
双重门槛	12.244***	0.000	6.717	3.639	2.609

土地开发行为门限检验					
模型	F 值	P 值	临界值		
			1%	5%	10%
单一门槛	20.712***	0.000	6.848	4.201	3.015
双重门槛	3.380*	0.070	7.535	3.873	2.655
三重门槛	4.3865**	0.038	6.576	3.688	2.114

注：临界值采用自举抽样500次得到的结果。***、**、* 分别表示在1%、5%和10%的水平下显著。

2. 面板门限模型的回归结果

面板门限检验首先需确定门槛个数。本书依次在没有门槛、一个门槛、两个门槛、三个门槛的假设下进行估计，获得的 F 统计量及显著性水平见表5-3。分税制改革以前，市场分割行为模式的检验模型中存在两个门槛值分别为0.121和0.288，因而依照地方政府的投资水平分为三种类型：低投资水平（inves ≤ 0.121）、中等投资水平（0.121 < inves ≤ 0.288）和高投资水平（inves > 0.288）。分税制改革以后，土地开发行为模式下依照投资水平高低可以划分为四种类型。门槛回归结果见表5-2第3、第6列。在市场分割检验模型中，低投资水平时地方政府的市场分割行为对全要素生产率的影响不显著，在中、高投资水平阶段，地方政府的经济行为模式显著制约全要素生产率提升，并且随着投资水平的提高，市场分割对全要素生产率的制约效应在增强。在土地开发影响全要素生产率模型中，四类投资类型里处于最高投资区间的地方政府土地开发行为模式也显著阻碍全要素生产率的提升。检验结果证实上文提出的经验假说，无论分税制前后，地方政府的经济行为模式均需要通过投资来塑造，因而政府投资在经济行为模式对全要素生产率的影响中具有门槛效应，投资水平越高，地方政府的经济行为对全要素生产率的制约效应越强。

四　结构分解

本书进一步将全要素生产率分解为技术进步和综合技术效率，为了刻画地方政府经济行为自身对全要素生产率的非线性影响，引入地方政府经济行为变量的二次方程，基于模型（5.2）建立如下全要素生产率分解模型：

$$\ln tfp_{it} = \beta_0 + \beta_1 behav_{it} + \beta_2 behav_{it}^2 + \chi cont\ r_{it} + \xi_{it} \qquad (5.5)$$

表 5-4　　　　　　　　解释变量：市场分割 2SLS 回归结果

	lntfp	lntech	lneff
lnsegme	−0.011*** (0.0027)	0.000 (0.0002)	−0.011*** (0.003)
lnsegme^2	0.004** (0.002)	−0.001 (0.002)	0.005** (0.002)
lninves	0.053 (0.032)	−0.124*** (0.277)	0.177*** (0.177)
lnmarkt	0.027** (0.011)	0.011 (0.009)	0.017 (0.011)
lnFDI	0.005 (0.008)	0.002 (0.006)	0.004 (0.009)
lnhuman	0.043 (0.046)	0.335*** (0.030)	−0.292*** (0.046)
lntrade	0.063*** (0.024)	0.059*** (0.018)	0.004 (0.025)
finan	0.267*** (0.089)	0.147* (0.088)	0.119 (0.105)
Kleibergen-Paap rk LM 统计量	14.927 [0.000]	14.927 [0.000]	14.927 [0.000]
Kleibergen-Paap Wald rk F 统计量	8.093 {7.03}	8.093 {7.03}	8.093 {7.03}
Hansen 检验	恰好识别	恰好识别	恰好识别
R^2 或 Centered R^2	0.446	0.873	0.641

续表

	lntfp	lntech	lneff
样本量	224	224	224

注：[ ] 内数值为检验统计量的 p 值，{ } 内数值为 Stock-Yogo 检验 10% 显著水平的临界值。Kleibergen-Paap rk LM 检验的原假设为工具变量识别不足，Kleibergen-Paap Wald rk F 检验的原假设为工具变量弱识别，拒绝两个原假设说明工具变量是合理的。Hansen 检验的原假设为工具变量过度识别约束有效，接受原假设说明工具变量是合理的，"恰好识别"为工具变量数正好等于内生变量数。下同。

为简化起见，式（5.5）中，tfp 分别表示全要素生产率 tfp、技术进步 $tech$ 和综合技术效率 $effi$，$behav$ 分别表示市场分割 $segme$ 和土地开发 $land$ 两种经济行为模式，ξ_{it} 为残差项。

计量模型的估计，需要考虑到内生性问题。内生性的产生源于两个方面的原因（邵敏、黄玖立，2010）：一是解释变量中由于测量误差或遗漏重要变量导致各解释变量可能与模型残差项相关引起内生性问题，上文中已经考虑到该问题，将地方政府行为变量及各控制变量的当期项替换为各自的滞后一期项。内生性问题产生的第二种可能是被解释变量全要素生产率与控制变量中外商直接投资和对外贸易存在双向因果关系，即外商直接投资和对外贸易促进了全要素生产率的提升，全要素生产率的提高也有助于进一步促进对外贸易和外商直接投资，已有研究均证实这种关系的存在。处理这种内生性问题就需要寻找与外商直接投资和对外贸易分别相关但不受当期全要素生产率影响的工具变量。Wheeler 等（1992）研究发现，外商直接投资具有自我强化特征，现有外商直接投资存量显著影响当前外资决策，本书借鉴多数学者做法采用外商直接投资变量的滞后一期控制内生性。对外贸易的工具变量借鉴黄玖立和李坤望（2006）的做法，取各省到海岸线距离的倒数作为对外贸易的外部工具变量。具体做法为：沿海省份到海岸线的内部距离取所在省、区地理半径的 2/3，内陆省份到海岸线距离为其到最近的沿海省份距离加上该沿海省份的内部距离。距离测度采用两点间的直接距离，来源于 google map，并采用官方名义汇率进行调整反映时变动态特征。Wooldrige（2002）指出，大样本条件下增加工具变量通常可以得到更有效的估计结果。本书采用两阶最小二乘估计（2SLS）对模型进行估计，将对外贸易的滞后期作为内部工具变量引入回归方程，并根据回归模型中内生变量检验情况调整工具变量，并采用稳健标准误控制异方差。

(一) 市场分割行为分析

分税制以前,地方政府市场分割行为模式的影响效应见表5-4。首先看看市场分割对全要素生产率的影响,其一次项系数在1%的显著性水平下为-0.011,二次项系数为0.004,且通过5%的显著性水平,表明市场分割对全要素生产率的影响呈正U形曲线,在市场分割低于某一临界值以前,提高市场分割显著制约全要素生产率提升,而当市场分割超过这个临界值以后,其对全要素生产率的影响由负转为正。对全要素生产率结构分解的进一步分析可以看到:市场分割对技术进步并无显著影响,而对综合技术效率影响也呈一次项系数显著为负,二次项系数显著为正的U形曲线关系。另外,虽然政府投资对全要素生产率的影响并不显著,但政府投资对技术进步和综合技术效率的影响呈正反两个极端。政府投资对技术进步的弹性系数显著为负,而对技术效率的影响系数为正,表明在分税制改革以前的市场分割型经济增长格局中,地方政府投资可以促进技术效率,但对技术进步具有阻碍作用。

(二) 土地开发行为分析

1994年以后,地方政府土地开发的经济行为模式对全要素生产率、技术进步和综合技术效率的回归结果见表5-5第1、3、5列。相较于前期,分税制改革以后市场分割不断弱化,多数现有研究均支持这一结论,但为了进一步验证回归结果的稳健性,本书在回归方程中分别加入市场分割变量,结果见表5-5第2、4、6列。可以看出,加入市场分割的控制变量对总体回归结果基本没有影响,并且三个方程中市场分割变量的系数均不显著,这也验证了分税制改革以后市场分割已经不是地方政府的主要经济行为,因而对全要素生产率没有显著影响。土地开发对全要素生产率一次项和二次项回归系数均显著为负,表明土地开发不仅对全要素生产率具有负面影响,而且负面效应在递增。全要素生产率的进一步分解显示:土地开发对技术进步弹性系数显著为正,但绝对值很小,表明土地开发通过地价上涨的成本压力和房地产业关联带动效应轻微促进了技术进步;而对综合技术效率的一次项和二次项回归系数均显著为负,这是由于土地开发推动的房地产业相对制造业的高利润不仅吸引了社会增量资本也使存量资本产生回流,银行业的信贷资金也多数流向房地产及相关行业,实体经济萎缩进一步恶化资源错配,因而显示对综合技术效率具有很强制约效应且呈加剧态势，这也是土地开发对全要素生产率产生负面影响的原因所在。此外，回归结果显示，政府投资对全要素生产率具有正面影响，主要是促进技术进步，对综合技术效率的影响并不显著。在这段时期，政府投资主要转向城市改造及基础设施建设等公共领域，产生的正外部效应可以促进技术进步，进而推动全要素生产率提高。

表 5-5　　　　　　解释变量：土地开发 2SLS 回归结果

	lntfp		lntech		lneff	
lnsegme		0.003 (0.002)		-0.0003 (0.002)		0.002 (0.002)
lnland	-0.011** (0.004)	-0.011** (0.004)	0.009** (0.004)	0.009** (0.004)	-0.017*** (0.005)	-0.017*** (0.005)
lnland^2	-0.015*** (0.003)	-0.015*** (0.003)	0.002 (0.003)	0.002 (0.003)	-0.016*** (0.004)	-0.016*** (0.004)
lninves	0.253*** (0.009)	0.027*** (0.009)	0.028*** (0.007)	0.027*** (0.008)	0.002 (0.009)	0.002 (0.009)
lnmarkt	-0.006 (0.008)	-0.005 (0.008)	-0.002 (0.005)	-0.002 (0.005)	-0.006 (0.006)	-0.005 (0.006)
lnFDI	-0.002 (0.003)	-0.002 (0.003)	-0.004 (0.003)	-0.004 (0.003)	0.022** (0.009)	0.022** (0.009)
lnhuman	-0.026 (0.031)	-0.022 (0.029)	-0.046** (0.022)	-0.046** (0.022)	0.068** (0.032)	0.067** (0.032)
lntrade	0.015*** (0.005)	0.015*** (0.005)	0.011 (0.009)	0.011 (0.009)	-0.010 (0.012)	-0.010 (0.012)
finan	-0.005* (0.003)	-0.004* (0.003)	-0.007** (0.003)	-0.007** (0.003)	0.004 (0.003)	0.004 (0.003)
Kleibergen- Paap rk LM 统计量	48.417 [0.000]	48.632 [0.000]	56.008 [0.000]	56.925 [0.000]	16.755 [0.000]	17.013 [0.000]
Kleibergen- Paap Wald rk F 统计量	90.881 {13.43}	88.923 {13.43}	34.580 {13.43}	35.918 {13.43}	14.474 {7.03}	14.618 {7.03}
Hansen 检验	1.075 [0.300]	1.300 [0.254]	0.922 [0.337]	0.918 [0.338]	恰好识别	恰好识别
Centered R²	0.196	0.200	0.156	0.155	0.162	0.166
样本量	476	476	420	420	420	420

注：***、** 和 * 分别表示在 1%、5% 和 10% 的水平下显著，（ ）中的数值为标准误，[ ] 中的数值为对应统计量的 P 值，{ } 中的数值为 Hansen 检验统计量的 P 值。

五　小结

改革开放以来，地方政府发展经济的行为模式发生了两次重大变化，由分税制改革以前的"经营企业"转变为分税制改革以后的"经营土地"。为使结论更具稳健性，本章采用多种计量模型分析分税制前、后地方政府经济行为模式对全要素生产率的影响，结果表明不同时期地方政府经济行为模式均对全要素生产率具有制约作用，并且地方政府投资在经济行为模式对全要素生产率的影响中具有门限效应，经济行为模式的形成需要政府通过投资来塑造与强化。对全要素生产率进一步的结构分解显示，地方政府两阶段的经济行为模式对全要素生产率的影响显著不同：市场分割对全要素生产率的影响呈正 U 形关系，主要源于对综合技术效率的影响呈 U 形关系，而对技术进步的影响并不显著。分税制改革以后经营土地的经济行为模式对全要素生产率的负面影响不仅没有收敛，负面效应反而呈加剧态势，主要是由于土地开发不断恶化综合技术效率，完全抵消了对技术进步的轻微促进作用。相比较而言，现阶段"经营土地"的行为模式对经济可持续增长的制约效应大大高于分税制以前的"经营企业"经济行为。此外，不同经济行为模式下政府投资的影响也存在明显不同：在市场分割的地方保护主义经济增长格局中，政府投资制约技术进步，有助于综合技术效率的提升。而在土地开发的行为模式中，政府投资可以促进技术进步，对技术效率的影响并不显著。

诚然，地方政府的经济行为模式短期内确实可以促进经济增长，并且由"经营企业"向"经营土地"的行为转变中，政府直接干预经济的行政手段在弱化，市场机制的作用逐渐凸显，但对经济转型和可持续发展能力的负面效应并没有减弱，现阶段"经营土地"的行为模式严重侵蚀经济可持续增长的源泉——全要素生产率。经济转型亟须改变以 GDP 增长为核心指标的官员绩效考核评价体系，进一步优化财税体制，有效约束地方政府的自利经济行为，为经济可持续发展创造良好的市场环境。

第二节　地方政府经济行为模式与产业结构

区域经济发展不仅包括经济总量的扩张，而且还包括经济系统中各产业相对比例的变化与质量的提升。产业结构转型顺畅，可以提高资源利用效率、优化资源配置，最大化区域经济利益（安虎森，2008）。区域产业结构的演进是由企业追求利润导致企业生产区位的改变，表现为空间上的聚集和分散过程。区域产业结构演进受到多种因素的制约，如自然因素、历史因素和社会经济因素，在社会经济因素中，市场经济转型国家政府干预经济活动对产业结构产生了非常重要的影响。

一 产业结构演进态势

整体来看，经济发展推动产业结构转型升级，使得产业的资本密集度和技术密集程度逐步提高，产业间出现的"收入差"驱使劳动力就业层次提升，人均国民收入得以增长。就区域而言，区域经济发展常常伴随着产业在区域间的聚集与扩散，表现为区域原有产业的移出或淘汰，新产业的迁入或出现。这种吐故纳新使得各区域基于自身的比较优势发展优势产业，区域产业结构的专业化和差异化程度不断提高。更为重要的是，区域产业转型和升级是区域经济实现可持续增长的关键，进而是整个国民经济实现可持续发展的基础。

国内学界对地区专业化的实证研究日趋增多，但对我国区域产业结构的演进态势并没有统一结论。主要是因为测量方法的不同可能使得测度结果存在差异，而且，只从某一单个角度测度产业结构演进所得的结论也具有很大的片面性。对此，樊福卓（2007）详细指出存在的问题，并提出修正方法。有鉴于此，本书从地区产业差异化和专业化两个角度相结合分析我国地区产业结构演进。鉴于第三产业所提供产品的流动性较差，主要是服务于当地居民，因而跨区比较产业同构程度和专业化程度会产生很大偏差，本书地区产业结构的定量测算主要针对第二产业。数据来自于1989—2011年《中国工业经济统计年鉴》和1986—1988年的《中国统计年鉴》。由于不同年份统计年鉴中的工业行业数存在差别，1985年包含30个行业，1986年包含32个行业，1987年为23个行业，1988—1992年为35个行业，1993年为38个行业，1994年为37个行业，1997年为36个行业，1999—2003年为25个行业，2004—2011年为27个行业数据。以27个行业为例做一介绍，具体包括如下行业：煤炭采选业；石油和天然气开采业；黑色金属矿采选业；有色金属矿采选业；非金属矿采选业；农副食品加工业；食品制造业；饮料制造业；烟草制品业；纺织业；纺织服装、鞋、帽制造业；造纸及纸制品业；石油加工、炼焦加工业；化学原料及化学制造业；医药制造业；化学纤维制造业；非金属矿物制品业；黑色金属冶炼及压延加工业；有色金属冶炼及压延加工业；金属制品业；通用设备制造业；专用设备制造业；交通运输设备制造业；电气机械及器材制造业；通信设备、计算机及其他电子设备制造业；仪器仪表及文化、办公用机械制造业；建筑业等。本书剔除了自来水生产和供应业与电力、蒸汽、热水生产及供应业两个为当地提供公共产品的行业部门。1995、1996和1998年缺乏统计数据，采用移动平均赋值处理。

（一）地区产业同构化测度

地区产业同构程度的测算方法较多，学界采用较多的是保罗·克鲁格曼（Paul Krugman）提出的差异度指数间接反映产业结构的同构程度，还有联合国工业发展组织国际工业研究中心提出的相似系数法。

1. 改进克鲁格曼指数法

克鲁格曼提出的衡量产业结构差异系数方法为：

$$KI_{ij} = \sum_{k=1}^{n} |R_{ik} - R_{jk}|$$

其中，i、j分别表示两个比较的地区，R_{ik}和R_{jk}分别表示在地区i或地区j中第k个行业占整个第二产业的比重。KI的取值范围为0—2，当地区i、j产业结构完全相同时，KI等于0；反之，当两个地区产业结构完全不同时，KI等于2。王志华、陈圻（2006）对该指数进行了适当改变，可以用来直接测度地区间的产业同构程度，称之为"改进克鲁格曼指数"，计算方法为：

$$MKI_{ij} = 1 - \frac{1}{2}\sum_{k=1}^{n} |R_{ik} - R_{jk}|$$

由于MKI_{ij}只是两个地区i和j之间的产业同构程度，如果有m个地区，则地区i的产业同构指数计算方法为：

$$MKI_i = \frac{1}{m-1} \sum_{j \neq i}^{m} MKI_{ij}$$

经过计算，我国省区产业同构指数MKI演变趋势见图5-6。1985—2011年我国地区产业同构指数不断下降，从1985年的0.697下降至2011年的0.586，表明改革开放以来我国地区产业结构差异化程度显著增强，各地区日益注重发挥本地区的比较优势，地区间第二产业尤其是制造业正在走向"趋异"。各省区产业同构指数的平均值（MKI-ave）与地区产业同构指数的中位数（MKI-med）高度融合，表明 1985—2011 年我国各省区产业同构的下降趋势高度一致，各地区并不存在明显区别。

2. 相似系数法

为了检验 MKI 测度结果的可靠性，本书同时采用相似系数法对地区产业同构程度进行测算比较。借鉴联合国工业发展组织国际工业研究中心提出的相似系数法，直接测算两个地区的产业相似程度，测算方法为：

$$S_{ij} = \sum_{k=1}^{n}(R_{ik}R_{jk}) / \sqrt{\sum_{k=1}^{n}R_{ik}^2 \cdot \sum_{j=1}^{n}R_{jk}^2}$$

同理，有 m 个地区，则地区 i 的产业结构相似系数的计算方法为：

$$S_i = \frac{1}{m-1}\sum_{j \neq i}^{m} S_{ij}$$

采用相似系数法测算的结果与克鲁格曼指数法所得结果一致。为简化起见，下文的产业结构同构分析主要基于克鲁格曼指数法进行展开。

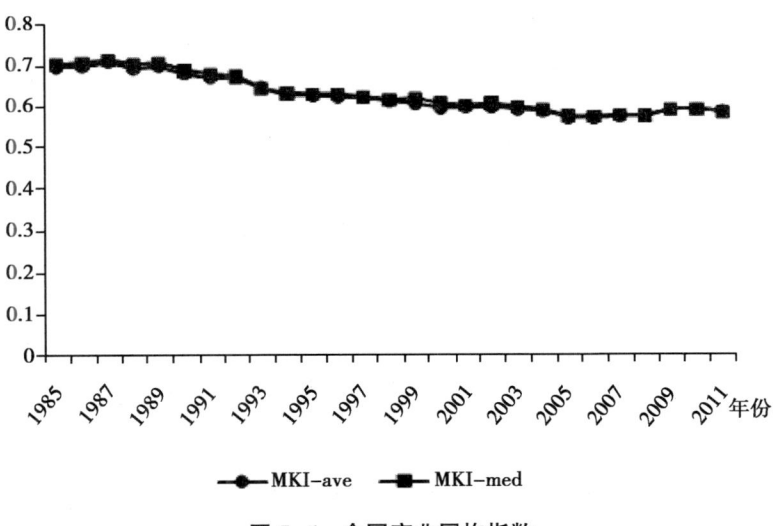

图 5-6 全国产业同构指数

（二）地区产业专业化测度

文献中常用的地区专业测算方法主要有 Hoover 地方化系数（Hoover, 1936）、区位商（Haggett, 1996）、γ 系数（Ellison and Glaeser, 1999）等。本书首先根据区位商测度各省区的优势产业，见表 5-6。

$$LQ_{ik} = R_{ik}/R_k$$

图 5-7　全国产业专业化指数

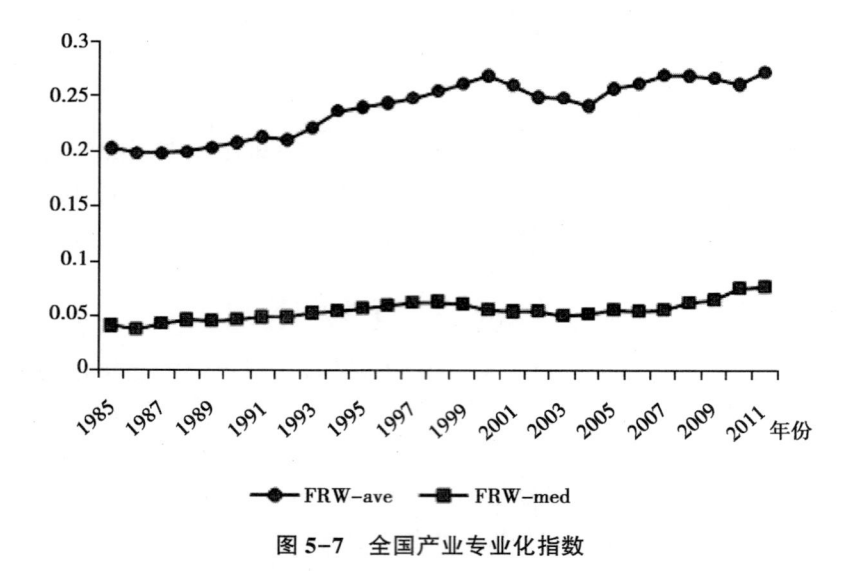

式中，LQ 为区位商，R_k 表示国家 k 行业产值占其第二产业总产值的比重。

表 5-6　　　　　　　　代表年份省区优势产业

省区	1985	1990	1994	2000	2005	2011
北京	化学工业	建筑业	建筑业	电子及通信设备制造业	电子及通信设备制造业	建筑业
天津	纺织业	化学工业	交通运输设备制造业	电子及通信设备制造业	电子及通信设备制造业	石油和天然气开采业
河北	纺织业	纺织业	黑色金属冶炼及压延业	黑色金属冶炼及压延业	黑色金属冶炼及压延业	黑色金属冶炼及压延业
山西	煤炭采选业	煤炭采选业	煤炭采选业	煤炭采选业	煤炭开采和洗选业	煤炭开采和洗选业
内蒙古	木材及竹材采运业	木材及竹材采运业	黑色金属冶炼及压延业	黑色金属冶炼及压延业	煤炭开采和洗选业	煤炭开采和洗选业
辽宁	黑色金属冶炼及压延业	黑色金属冶炼及压延业	黑色金属冶炼及压延业	石油化工及炼焦业	石油加工、炼焦加工业	通用设备制造业
吉林	交通运输设备制造业	交通运输设备制造业	交通运输设备制造业	交通运输设备制造业	交通运输设备制造业	交通运输设备制造业
黑龙江	木材及竹材采运业	木材及竹材采运业	石油和天然气开采业	石油和天然气开采业	石油和天然气开采业	石油和天然气开采业
上海	纺织业	纺织业	黑色金属冶炼及压延业	交通运输设备制造业	电子及通信设备制造业	电子及通信设备制造业

续表

省区	1985	1990	1994	2000	2005	2011
江苏	纺织业	纺织业	纺织业	纺织业	电子及通信设备制造业	电子及通信设备制造业
浙江	纺织业	纺织业	纺织业	纺织业	纺织业	建筑业
安徽	食品、饮料、烟草制造业	食品、饮料、烟草制造业	建筑业	建筑业	建筑业	电子机械及器材制造业
福建	食品、饮料、烟草制造业	食品、饮料、烟草制造业	皮革毛皮羽绒及其制品	电子及通信设备制造业	电子及通信设备制造业	建筑业
江西	有色金属矿采选业	有色金属矿采选业	有色金属矿采选业	交通运输设备制造业	有色金属冶炼及压延业	有色金属冶炼及压延业
山东	纺织业	石油和天然气开采业	饮料制造业	食品加工业	农副食品加工业	化学原料及制品制造业
河南	食品、饮料、烟草制造业	食品、饮料、烟草制造业	非金属矿物制品业	非金属矿物制品业	煤炭开采和洗选业	非金属矿物制品业
湖北	交通运输设备制造业	交通运输设备制造业	交通运输设备制造业	交通运输设备制造业	交通运输设备制造业	交通运输设备制造业
湖南	食品、饮料、烟草制造业	食品、饮料、烟草制造业	建筑业	烟草加工业	仪器仪表及文化、办公用机械制造业	专用设备制造业
广东	电气机械及器材制造业	电气机械及器材制造业	电子及通信设备制造业	电子及通信设备制造业	电子及通信设备制造业	电子及通信设备制造业
广西	食品、饮料、烟草制造业	食品、饮料、烟草制造业	建筑业	食品加工业	农副食品加工业	农副食品加工业
四川	食品、饮料、烟草制造业	食品、饮料、烟草制造业	黑色金属冶炼及压延业	建筑业	建筑业	饮料制造业
贵州	食品、饮料、烟草制造业	食品、饮料、烟草制造业	烟草加工业	烟草加工业	烟草加工业	煤炭开采和洗选业
云南	食品、饮料、烟草制造业	食品、饮料、烟草制造业	烟草加工业	烟草加工业	烟草加工业	烟草制品业
陕西	纺织业	纺织业	电子及通信设备制造业	石油和天然气开采业	石油和天然气开采业	石油和天然气开采业
甘肃	有色金属冶炼及压延业	有色金属冶炼及压延业	有色金属冶炼及压延业	有色金属冶炼及压延业	石油加工、炼焦加工业	石油加工、炼焦加工业
青海	建筑业	建筑业	有色金属冶炼及压延业	石油和天然气开采业	石油和天然气开采业	有色金属冶炼及压延业

续表

省区	1985	1990	1994	2000	2005	2011
宁夏	煤炭采选业	煤炭采选业	煤炭采选业	有色金属冶炼及压延业	煤炭开采和洗选业	煤炭开采和洗选业
新疆	石油和天然气开采业	石油和天然气开采业	石油和天然气开采业	石油和天然气开采业	石油和天然气开采业	石油和天然气开采业

注：依据区位商计算所得。

从表5-6可以看到，部分省区一直保持着传统的优势产业，如山西的煤炭采选业，吉林和湖北的交通运输设备制造业，云南和贵州的烟草业，新疆的石油和天然气开采业等，这些省区多数是依托资源优势或者计划经济时期的工业布局发展成为优势产业。

对表5-6做进一步分析还可以发现，我国地区工业结构高度化遵循不同的演进路径。大体可以分为两类：一是东部省区和部分中部省区由改革开放初期以轻工业为主的工业结构转变为以重工业为主的工业结构。在工业化的第一阶段，食品饮料制造业、纺织业等消费品工业成为很多省区的优势产业发展到以家用电器、汽车等耐用消费品工业为主转变，进而向通信设备、计算机及其他电子设备制造业等技术密集化和信息化工业阶段迈进。二是矿产资源丰富的西部省区和部分中部省区工业结构依托资源禀赋优势，加上计划经济时期重工业优先发展战略形成的工业基础和路径锁定，工业结构高度化向着资源深加工、高加工度化发展，不断延伸产业链条，由石油和天然气开采业主导逐步转变为石油加工、炼焦加工业，金属采选业发展为金属冶炼及压延加工业。从以上分析也可以看出，西部地区工业化落后于东部地区，西部地区正进入高加工度化的工业阶段，而东部地区从工业化技术密集阶段步入信息化阶段。

樊福卓（2007）指出，受地区相对规模的影响，地区专业化系数和产业结构差异系数的变动趋势并非总是一致。现有地区专业化程度的测算方法把二者等同或混用，不仅犯了逻辑推理错误，而且还可能得出错误判断。樊福卓的地区专业化系数 FR_i 计算方法为：

$$FR_i = \frac{1}{2}\sum_{k=1}^{n}|R_{ik} - R_k|$$

樊福卓在计算全国经济专业化指数的时候，引入了地区经济的相对规模因素进行了加权处理，但在计算省区专业化指数的时候，并没有考虑到地区经济的相对规模，得出了西藏、青海等省区一直是我国经济专业化程度最高的结论。本书认为，在计算地区专业化指数除了需要引入地区相对经济规模因素以外，还需进一步考虑到省区面积的相对差异，则改进后的地区专业化为：

$$FRW_i = FR_i \cdot w_i, \quad w_i = \frac{E_i/A_i}{\sum_i^m E_i/A_i/m}$$

式中，E_i 为各省区的第二产业总产值，A_i 为各省区土地面积。

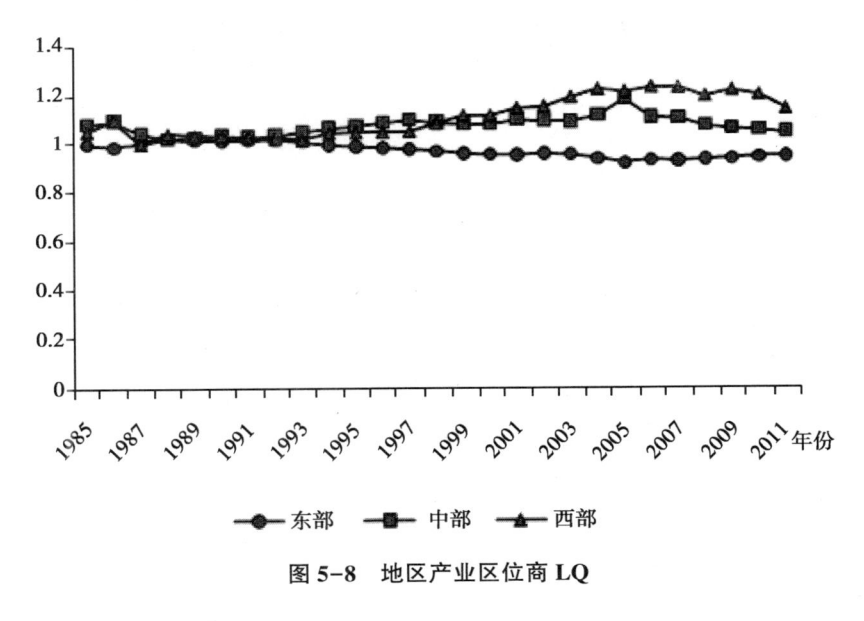

图 5-8 地区产业区位商 LQ

由图 5-7 可知，全国地区专业化指数的平均值（FRW-ave）和中位数值（FRW-med）差异很大，表明各省区的专业化指数分异显著。为了进一步辨析这种地区差异，本书将各省区划分成东、中、西三大经济区。在不考虑地区经济相对规模的情形下，根据区位商 LQ 的计算，西部地区专业程度高于中部地区，中部地区高于东部地区，这种差异在 90 年代中期以后显得更为明显（图 5-8），表明依托资源优势的西部省区产业专业化程度大大高于东、西部地区产业的专业化率，但也从侧面反映出资源型省区的产业结构较为单一。

综合考虑了地区经济的相对规模和地域面积的地区专业化指数 FRW 能更好地反映地区专业化程度。从图 5-9 中可以看到，东部地区的专业

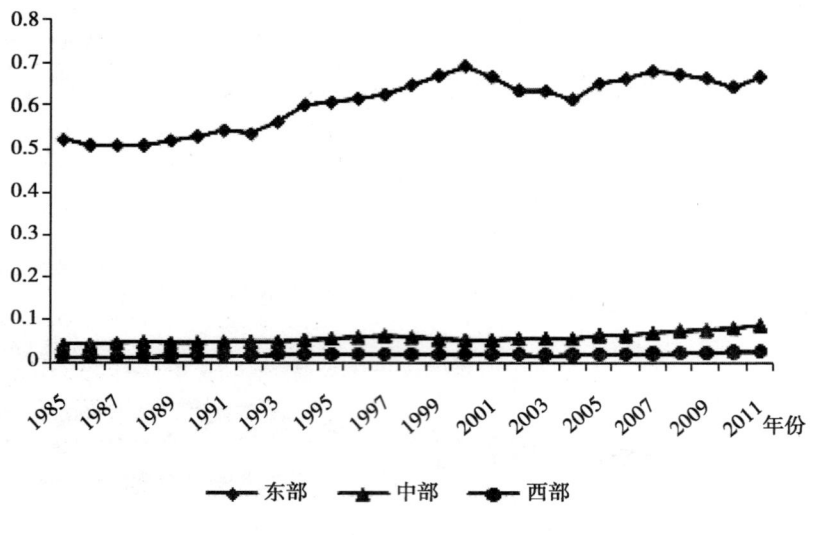

图 5-9 地区产业专业化指数 FRW

化指数远高于中西部地区。1985—2011 年中、西部地区的专业化指数基本保持平稳。相比较而言,东部地区专业化指数取得了大幅度提升。结合上文区位商的分析可以得出,相比较中西部而言,东部地区产业结构调整更为及时,转型升级更为灵活、高效。

二 基础模型构建

为检验地方政府经济行为对地区产业结构演进的影响,本书构建计量模型对二者的关系做更精确的定量分析。

（一）基础模型设定及数量说明

1. 基础模型设定

本书借鉴已有的研究成果,以地区专业化作为被解释变量,构建计量经济模型如下：

$$MKI_{it} = \alpha_0 + \alpha_1 behav_{it} + \lambda contr_{it} + \mu_{it} \quad (5.6)$$

$$FRW_{it} = \beta_0 + \beta_1 behav_{it} + \delta contr_{it} + \nu_{it} \quad (5.7)$$

式中,i 表示省区,t 表示年份,$behav_{it}$ 表示地方政府经济行为,$contr_{it}$ 表示影响地区专业化的其他控制变量,μ_{it} 为随机扰动项。

由于地区产业结构的变动具有历史惯性,上一期的产业结构会对下一期产生很大影响,采用动态面板引入产业结构变动的滞后项可以较好刻画这一滞后效应。本书在上式模型的基础上，采用系统 GMM 回归模型。

$$MKI_{it} = \alpha'_0 + \gamma MKI_{i,\,t-1} + \alpha'_1 behav_{it} + \lambda' contr_{it} + \mu'_{it} \quad (5.8)$$

$$FRW_{it} = \alpha'_0 + \varphi FRW_{i,\,t-1} + \alpha'_1 behav_{it} + \lambda' contr_{it} + \mu'_{it} \quad (5.9)$$

2. 变量选择

（1）核心解释变量

地方政府经济行为模式（behav）。改革开放后的 40 年，地方政府的经济行为发生了显著变化。地方政府行为模式的改变都是在中央政府制定的制度规则有效约束下的理性行为选择。周飞舟（2006、2010）、陶然（2009）、李学文等（2012）虽然对地方政府推动经济增长行为的内在激励机制有不同的解读，但对地方政府经济行为模式的演变具有高度一致的结论：分税制以前地方政府以"市场分割"（segme）为主要表现形式的经营企业行为模式转变为分税制改革以后以"土地开发"（land）为主要表现形式的经营城市的行为模式。市场分割与土地开发变量的测度方法详见上一节。

本书还引入另一重要解释变量——政府投资（inves）。地方政府投资是塑造经济行为模式的基础，也是影响地区产业结构的重要因素。由于在统计年鉴里并不直接存在政府投资这个指标，借鉴张卫国等（2010）的测算方法，用政府财政支出扣去文体广播事业费、教育支出、医疗卫生支出、抚恤和社会救济、社会保障补助支出、国防支出、武装警察部队支出和公检法司支出等公共性支出后占地区生产总值的比重来衡量。

（2）控制变量

地区经济发展水平（pgdp）。经济发展水平可以从社会生产的供给结构和需求结构分别影响地区产业结构的变化。本书以人均地区生产总值衡量地区经济的发展水平，地区生产总值以 1985 年为基础进行调整。

恩格尔系数（engel）。恩格尔系数等于食品支出除以现金消费支出，它可以反映地区消费结构的升级，消费结构的变化会影响地区产业结构的调整。由于统计年鉴上的相关数据是按照城市和农村分别统计的，因此地区恩格尔系数等于城市居民和农村居民恩格尔系数分别按 0.5 加权求和得出。

对外开放度（trade）。采用进出口贸易额与 GDP 的比值衡量各省对外贸易状况。在计算时，需将以美元标价的贸易额按当年年均汇率折算成人民币。

外商直接投资（FDI）。外商直接投资是技术溢出的重要渠道之一，很多文献研究了二者间的因果关系，本书采用外商直接投资额占地区生产总值的比重衡量。

研发经费支出（R&D）。采用研发经费占 GDP 的比重表示。地区研发经费投入的多寡对地区技术创新具有重要的作用，进而影响地区产业结构升级。

市场化进程（markt）。市场化促进生产要素的流通，优化资源配置效率。本书采用非国有和集体就业人数所占比重衡量。

3. 数据说明

本章数据主要来自历年《中国统计年鉴》、《新中国六十年统计资料汇编》、《中国人口和就业统计年鉴》和《中国财政年鉴》，样本涵盖1985—2011 年中国内地 28 个省、区、市。回归分析之前，本书对各解释变量进行了相关性分析，经检验地区经济发展水平 pgdp 和恩格尔系数 engel 高度相关，为了避免多重共线性对回归结果的影响，本书剔除恩格尔系数 engel。各变量的描述性统计见表 5-7。

表 5-7　　经济行为模式影响产业结构的主要变量描述性统计

变量	描述	均值	标准差	最小值	最大值
FRW	地区专业化指数	0.240	0.580	0.001	3.375
MKI	产业同构指数	0.626	0.063	0.449	0.765
segme	市场分割指数	0.009	0.001	0	0.013
land	土地开发程度	0.126	0.092	0	0.583
lnpgdp	人均 GDP 的对数	7.834	0.910	6.033	10.205
trade	进出口贸易占比	0.293	0.456	0.021	3.717
FDI	外商直接投资占比	0.026	0.033	0	0.224
R&D	研究与开发占 GDP 比重	0.009	0.010	0.001	0.058
markt	市场化水平	0.353	0.265	0.003	0.878

（二）地区产业同构化计量结果及分析

Hausman 检验发现，采用固定效应估计较为合适。此外，由于经济增长和产业结构可能存在着互为因果的关系，即经济增长促进产业结构调整，产业结构转型、升级也能促进经济增长。忽视内生性的回归导致结果是有偏和非一致的，为解决这一问题需采用工具变量法，本书采用内部工具变量，以 pgdp 的滞后一阶作为 pgdp 的工具变量，采用 FE-IV 对基础模型进行估计。FE 估计和 FE-IV 估计见表 5-8。为检验估计结果的稳健性，本书进一步采用动态面板系统 GMM 估计。以市场分豁 segme 对 MKI 的回归为例，将内生变量的滞后 2—3 期作为工具变量，采用矩阵压缩的方式控制工具变量个数。模型 Arellano-Bond 检验 AR（1）的 z 统计量 = -3.18，p=0.01，AR（2）的 z=1.58，p=0.12。过度识别检验 Sargan J 统计量为 6.83，p=0.15。检验结果表明模型设定是合理的。其他系统 GMM 回归也按此做了模型设定合理性检验。

从表 5-8 前三列的回归结果中可以看到，FE、FE-IV 和 sys-GMM 的估计结果一致。市场分割 segme 和政府投资 inves 的回归系数显著为正，表明在分税制改革以前，地方政府市场分割的行为模式和政府投资均显著加剧产业同构。

表 5-8 后三列的回归结果显示，土地开发 land 和政府投资 inves 对产业同构指数 MKI 的影响均不显著，表明在分税制改革以后，地方政府土地开发的行为模式和政府投资对地区产业同构没有显著影响。对比两个时期，控制变量的影响差异也非常明显：前一个时期，外商直接投资 FDI 和市场化进程 markt 的系数均不显著。后一个时期，两个变量的系数通过了显著性检验，外商直接投资对地区产业同构化具有正向影响，市场化进程可以抑制地区产业同构化发展。两个不同时期，经济发展水平 pgdp 和对外贸易 trade 的系数均显著为负，表明在不同经济发展模式下，经济发展和对外贸易均能显著抑制产业同构化趋势，推动产业差异化发展。

为什么在分税制改革前后地方政府的行为模式对产业同构化的影响具有如此重大的变化呢？在市场分割行为模式下，各个地区都会建立小而全的工业体系，地方政府会直接介入当地国有及乡镇企业的具体运营中，必然会导致各地区产业结构趋同。分税制改革以后，地方政府的行为模式转向土地开发，为服务于土地开发，政府投资也多投向基础设施建设领域，对企业经营的微观干预基本消除，因此对产业趋同并没有产生直接的影响。

表 5-8　　　　　　　　　地区产业同构 MKI 估计结果

解释变量	第一阶段			第二阶段		
	FE	FE-IV	sys-GMM	FE	FE-IV	sys-GMM
segme/ land	0.880* (0.486)	0.912** (0.462)	1.332*** (0.421)	−0.031 (0.028)	0.006 (0.033)	−0.008 (0.014)
inves	0.186*** (0.035)	0.133*** (0.038)	0.174*** (0.047)	0.015 (0.046)	0.029 (0.046)	0.007 (0.016)
lnpgdp	−0.060 (0.008)	−0.092*** (0.011)	−0.026*** (0.010)	−0.007** (0.004)	−0.007* (0.004)	−0.004** (0.002)
trade	−0.017** (0.007)	−0.022*** (0.008)	−0.008* (0.004)	−0.016** (0.007)	−0.028*** (0.008)	−0.004 (0.003)
FDI	0.048 (0.083)	0.150* (0.085)	−0.139 (0.148)	0.136** (0.052)	0.118** (0.058)	0.027 (0.026)
R&D	−0.444 (0.467)	−0.617 (0.530)	−0.679*** (0.189)	0.569 (0.454)	0.672 (0.455)	0.300** (0.125)
markt	−0.031 (0.039)	−0.013 (0.039)	0.027 (0.048)	−0.063*** (0.010)	−0.070*** (0.010)	−0.015*** (0.005)
L.MKI			1.520*** (0.162)			0.992*** (0.041)
_cons	1.078*** (0.060)	1.309*** (0.079)	−0.577*** (0.161)	0.685*** (0.026)	0.679*** (0.026)	0.028 (0.037)
R^2	0.659	0.712		0.462	0.452	
N	252	224	224	504	476	476

注：***、** 和 * 分别表示在 1%、5% 和 10% 的显著性水平，括号中为标准误。

（三）地区产业专业化计量结果及分析

地区产业专业化回归结果见表 5-9，以系统 GMM 的回归结果为基准进行分析。在分税制改革以前的地方政府市场分割的行为模式下，市场分割变量 segme 对地区专业化 FRW 影响不显著。在系统 GMM 估计方程中，政府投资 inves 对 FRW 的影响显著为负，表明地方政府投资抑制地区产业专业化。分税制改革以后，地方政府土地开发的行为模式下，土地开发变量 land 的系数为负，且通过 5% 的显著性水平，表明地方政府土地开发的行为模式对地区产业专业化生产具有显著的负向影响。在此阶段，政府投资 inves 的系数不显著，表明对地区产业专业化的影响不明显。

比较两阶段的回归结果，分税制改革以前地方政府市场分割的行为模式对地区专业化没有显著影响，分税制改革导致地方政府经济行为从市场分割转变为土地开发，分税制以后塑造的经济行为模式显著制约了地区产业专业化。第一阶段地方政府市场分割的经济行为模式对地区专业化影响不显著尚好理解,可为什么到第二阶段,地方政府土地开发的经济行为会制约地区产业专业化的形成呢?这是因为土地开发的经济行为导致房地产业和建筑业的过度繁荣,相对高额的利润挤占了投向其他制造业的资本流量,诸多制造行业的相对萎缩与房地产业和建筑业的扩大必然表现为地区产业专业化的弱化。

表 5-9　　　　　　　　　地区专业化 FRW 估计结果

解释变量	第一阶段			第二阶段		
	FE	FE-IV	sys-GMM	FE	FE-IV	sys-GMM
segme/land	0.272 (1.337)	0.416 (1.076)	-0.186 (0.270)	-0.135 (0.094)	-0.228** (0.111)	-0.074** (0.034)
inves	0.096 (0.095)	0.152 (0.088)	-0.055* (0.028)	-0.276* (0.153)	-0.275* (0.157)	0.013 (0.028)
lnpgdp	0.048** (0.022)	0.071*** (0.025)	0.003 (0.009)	0.021* (0.011)	0.023** (0.012)	0.012** (0.005)
trade	-0.043** (0.018)	-0.028* (0.018)	0.007 (0.004)	-0.165*** (0.024)	-0.175*** (0.026)	-0.024** (0.011)
FDI	0.172 (0.228)	0.131 (0.197)	0.324 (0.252)	-0.178 (0.172)	-0.078 (0.197)	0.063** (0.029)
R&D	-1.689 (1.283)	-0.557 (1.234)	0.232 (0.282)	0.950 (1.499)	0.597 (1.545)	-0.360 (0.377)
markt	0.055 (0.106)	0.043 (0.090)	-0.080* (0.042)	0.022 (0.032)	0.043 (0.034)	-0.013 (0.011)
_cons	-0.135 (0.164)	-0.318* (0.184)	-0.005 (0.064)	0.174** (0.086)	0.159* (0.089)	-0.078** (0.033)
R^2	0.086	0.123		0.139	0.14	
N	252	224	224	504	476	476

注:***、**和*分别表示在1%、5%和10%的水平下显著,括号中的数值为标准误。

三　空间面板回归

区域经济的经济现象通常具有空间相关性,即一个地区某种经济现象或属性值与相邻地区的同种经济现象或属性值具有相关性。在具有空间相关性的经济现象中,经典计量分析由于没有考虑到空间因素,计量结果存在偏误甚至是非一致的。因此,本书采用空间计量模型做进一步挖掘。

(一) 空间相关性检验

在做空间计量分析前,需对经济现象的空间相关性进行检验,以判定建立空间计量模型的必要性。空间相关性检验采用较多的是 Moran's I 对回归方程的残差进行检验：

$$I = e'We/e'e$$

式中，e 为回归方程的残差估计值，W 为空间权重矩阵。空间矩阵的设定是基于地理学第一定律，即物质属性的空间相关性随着"距离"的增加而减少，空间矩阵的设定通常有两种方式：一是基于简单的二进制邻接矩阵；二是基于距离的二进制空间权重矩阵。本书采用前一种方法确定空间权重矩阵，根据邻接形式的不同，又可分为 rook 邻接、queen 邻接和 bishop 邻接，本书采用 rook 邻接，即：

$$W_{ij} = \begin{cases} 1, & \text{当省区 } i \text{ 和省区 } j \text{ 有公共边界,} \\ 0, & \text{当省区 } i \text{ 和省区 } j \text{ 没有公共边界.} \end{cases}$$

同时，还需对 Moran's I 进行显著性检验。Moran's I 的统计量 Z 为：$Z(I) = \dfrac{I - E(I)}{V(I)}$，Z (I) ~ N (0, 1)。当 Z 拒绝原假设，表明空间具有相关性。其中，

$$E(I) = tr(MW)/(N - K)，M = I - x(x'x)^{-1}x'，$$
$$V(I) = \{tr(MWMW') + tr[(MW)^2]\}/((N - K)(N - K + 2)) - E(I)^2。$$

tr 表示矩阵的迹值，x 为解释变量。本书 Moran's I 的统计结果见表 5-10。可以看到，四个回归方程中 Moran's I 的统计量都是显著的，第二阶段的 Moran's I 检验值均大于第一阶段。表明在研究地方政府经济行为对产业结构的影响中需要考虑到地理单元的空间相关性。

表 5-10　　　　　　　　Moran's I 检验结果

	第一阶段		第二阶段	
	产业同构	地区专业化	产业同构	地区专业化
Moran's I	3.014	0.055	8.352	0.091
Z 统计量	10.778	2.222	20.994	3.521
P 值	0.000	0.026	0.000	0.000
平均数	-0.714	-0.713	-1.575	-1.575
标准差	0.346	0.346	0.473	0.473

（二）空间面板模型设定

Moran's I 检验证明了空间相关性的存在，需在计量模型中引入空间

权重矩阵建立空间面板模型。根据空间效应差异，Anselin（2004）区分了空间面板自回归模型（SAR panel）和空间面板误差模型（SEM panel）两种形式，分别体现了因变量的滞后项和误差项存在自相关，可以表示为：

$$\text{SAR}: y = \rho Wy + X\beta + \varepsilon$$
$$\text{SEM}: y = X\beta + \varepsilon, \ \varepsilon = \tau W\varepsilon + v$$

如果模型中同时纳入空间滞后因变量和空间误差项会导致参数无法识别，Lesage 和 Pace（2009）在此基础上构建的空间杜宾模型（SDM panel）给出了此种情形下的参数无偏估计结果，可以同时考虑到因变量和自变量的空间自相关，模型表示为：

$$y = \rho Wy + X\beta + WZ\theta + \xi, \ Z \leqslant X$$

空间面板模型的估计采用哪种形式更为恰当，拉格朗日乘子检验（Lagrange Multiplier，LM），以及 Lesage 和 Pace（2009）改进的稳健拉格朗日乘子检验为空间面板模型的识别提供了依据。拉格朗日乘子检验的原理是从面板模型的残差入手，包括空间滞后拉格朗日乘子检验（LM test-spatial lag）、稳健的空间滞后拉格朗日乘子检验（robust LM test-spatial lag）、空间误差拉格朗日乘子检验（LM test-spatial error）、稳健的空间误差拉格朗日乘子检验（robust LM test-spatial error）四个统计检验。Aselin（1991）提供了判断准则：如果 LM test-spatial lag 的统计量比 LM test-spatial error 更显著，说明滞后因变量的空间相关性占主导地位，采用 SAR 模型比较合适；反之，则采用 SEM 模型较为合适。如果 LM 统计检验证实两种空间相关性都存在，采用 SDM 模型更为可靠。

表 5-11　　　　　　　　　　空间面板模型识别检验

估计方法	LM 检验	第一阶段 MKI	第一阶段 FRW	第二阶段 MKI	第二阶段 FRW
OLS	LM test-spatial lag	25.057***	0.730	39.710***	1.836
	Robust LM test-spatial lag	39.608***	28.798***	5.131**	0.115
	LM test-spatial error	11.699***	2.689*	34.612***	2.533
	Robust LM test-spatial lag	26.250***	30.757***	0.033	0.811

续表

估计方法	LM 检验	第一阶段 MKI	第一阶段 FRW	第二阶段 MKI	第二阶段 FRW
空间 FE 估计	LM test-spatial lag	63.510***	11.055***	60.899***	9.683***
	Robust LM test-spatial lag	7.260***	2.366	105.290***	0.011
	LM test-spatial error	56.306***	9.958***	37.307***	10.080***
	Robust LM test-spatial lag	0.057	1.269	81.698***	0.407
时间、空间 FE 估计	LM test-spatial lag	0.013	10.864***	6.353**	6.348**
	Robust LM test-spatial lag	3.527*	0.754	12.345***	0.195
	LM test-spatial error	0.041	10.244***	4.875**	7.567***
	Robust LM test-spatial error	3.555*	0.134	10.867***	1.415

注：***、**、*分别表示1%、5%和10%的显著性水平。

上文中已经证实采用固定效应回归比较恰当，还需进一步确定采用空间面板回归的类型。在第一阶段产业同构 MKI 的空间固定效应识别检验中，LM test-spatial lag 检验统计量大于 LM test-spatial error 的统计量，说明 SAR 较为合适；而在时间和空间双固定效应识别检验中 Robust LM test-spatial error 的统计量大于 Robust LM test-spatial lag 的统计量，表明 SEM 较为合适。当同时存在因变量滞后空间自相关和误差项空间自相关的情况下，选择空间杜宾模型（SDM）更合适。同理，在其他三组方程的检验中也得出采用空间杜宾模型较为可靠。

（三）空间面板杜宾模型回归结果

不同时期地方政府经济行为模式对地区产业结构演进的空间面板杜宾模型回归结果见表 5-12，与前期没有加入空间自相关的模型相比，拟合优度 R^2 具有明显提升。回归结果显示，引入空间自相关因素以后，解释变量 segme 或 land 对被解释变量 MKI 或 FRW 不再显著，但其空间滞后项均是显著的。

根据表 5-12 的回归结果，无论是第一阶段还是第二阶段，相邻地区产业同构显著加剧本地区的产业同构程度；相邻地区的产业专业化显著制约本地区的专业化发展。在分税制改革以前的第一阶段，相邻地区的市场分割显著促进本地区的产业同构化，对本地区的产业专业化具有显著的制约作用；在第二阶段，相邻地区地方政府的土地开发行为对本地产业结构的影响不显著,但可以显著促进本地区的产业专业化。可以看出,地方政府经济行为的变化所产生的外溢效应在分税制改革前后发生明显的变化。

表 5-12 空间杜宾模型回归结果

解释变量	第一阶段 MKI	第一阶段 FRW	解释变量	第二阶段 MKI	第二阶段 FRW
segme	−0.523 (0.662)	2.683 (1.802)	land	−0.027 (0.025)	−0.039 (0.088)
inves	0.065** (0.032)	0.079 (0.081)	inves	−0.066 (0.052)	−0.262** (0.137)
lnpgdp	−0.038*** (0.007)	0.087*** (0.019)	lnpgdp	0.003 (0.004)	0.179*** (0.029)
trade	−0.009* (0.006)	−0.062*** (0.015)	trade	−0.011* (0.006)	−0.150*** (0.024)
FDI	0.036 (0.068)	0.448** (0.207)	FDI	0.063 (0.046)	−0.051 (0.160)
R&D	0.034 (0.385)	−0.348 (1.052)	R&D	0.786** (0.390)	2.870** (1.405)
markt	0.010 (0.032)	0.102 (0.088)	markt	0.018 (0.011)	0.060** (0.030)
W∗MKI/ W∗FRW	0.552*** (1.172)	−1.124*** (0.198)	W∗MKI/ W∗FRW	0.574*** (0.116)	−0.327** (0.132)
W∗segme	1.172* (0.772)	−3.360* (2.101)	W∗land	0.030 (0.046)	0.476*** (0.154)
W∗trade	0.008 (0.010)	−0.119*** (0.026)	W∗inves	0.152** (0.068)	
			W∗markt	−0.067*** (0.016)	
			W∗trade		−0.127*** (0.041)
			W∗lnpgdp		−0.193*** (0.030)
R^2	0.736	0.305		0.577	0.266
Log-likelihood	780.023	527.595		1368.462	745.470

注:***、**、* 分别表示在 1%、5% 和 10% 的水平下显著,括号中的数值为标准误。

在加入空间滞后项的情况下,回归系数不像经典线性回归的解释那么简单直接,如果还像以往那样解释可能会得出错误结论,Lesage

和 Pace（2009）提出了直接效应、间接效应的分解方法。直接效应度量本地自变量对本地因变量的影响，间接效应度量相邻地区自变量对本地因变量的影响，反映空间溢出效应。从表 5-13 可以看到，第一阶段地方政府市场分割的行为模式对产业同构的直接效应、间接效应和总效应均不显著。市场分割对本地产业专业化的影响为正，相邻地区的市场分割对本地产业专业化的影响为负，并且后者的影响程度大于前者。在第二阶段，地方政府经济行为模式——土地开发对产业同构的影响均不显著，与前期一致。本地区土地开发对产业专业化影响不显著，但相邻地区的土地开发有助于本地的产业专业化，因而土地开发对地区专业化的总效应显著为正。从以上可以看到，在考虑到空间自相关的因素后，相邻地区的地方政府经济行为对本地的产业结构演进具有重要影响。分税制改革以前，相邻地区的市场分割显著阻碍了产业专业化，这是由于地区贸易壁垒阻碍生产要素的自由流通，对于地区产业专业化具有负向影响。分税制改革以后，地方政府的经济行为转变为土地开发，为了提高土地开发收益，地方政府竞相鼓励市场化，外地生产要素的流通壁垒得到大幅度降低，从而有利于本地产业结构的专业化发展。

表 5-13　地方政府经济行为模式对产业结构的直接、间接和总效应

	解释变量	第一阶段 MKI	第一阶段 FRW	第二阶段 MKI	第二阶段 FRW
直接效应	segme/land	−0.533 (0.563)	2.653* (1.549)	−0.027 (0.021)	−0.041 (0.075)
	inves	0.068** (0.035)	0.086 (0.090)	−0.061 (0.057)	−0.252* (0.152)
	lnpgdp	−0.038*** (0.008)	0.089*** (0.022)	0.003 (0.004)	0.181*** (0.032)
	trade	−0.010* (0.005)	−0.063*** (0.015)	−0.011* (0.006)	−0.150*** (0.023)
	FDI	0.029 (0.072)	0.423** (0.215)	0.064 (0.050)	−0.035 (0.164)
	R&D	0.010 (0.38)	−0.165 (1.057)	0.844** (0.392)	3.145** (1.420)
	markt	0.016 (0.032)	0.118 (0.093)	0.020* (0.011)	0.066** (0.028)

续表

解释变量		第一阶段		第二阶段	
		MKI	FRW	MKI	FRW
间接效应	segme/land	1.137* (0.697)	-3.509* (1.897)	0.022 (0.045)	0.453*** (0.148)
	inves	0.001 (0.009)	0.001 (0.019)	0.149* (0.083)	-0.003 (0.028)
	lnpgdp	-0.001 (0.005)	0.002 (0.013)	-0.001 (0.001)	-0.197*** (0.03)
	trade	-0.001 (0.002)	-0.126*** (0.036)	-0.0002 (0.001)	-0.133*** (0.044)
	FDI	0.001 (0.010)	0.005* (0.060)	0.0001 (0.007)	-0.001 (0.014)
	R&D	0.007 (0.057)	0.002 (0.156)	0.011 (0.082)	0.004 (0.301)
	markt	0.001 (0.004)	0.005 (0.023)	-0.070*** (0.014)	0.001 (0.007)
总效应	segme/land	0.604 (0.436)	-0.855 (1.231)	-0.004 (0.046)	0.412*** (0.151)
	inves	0.068** (0.035)	0.087 (0.093)	0.088 (0.059)	-0.255* (0.158)
	lnpgdp	-0.039*** (0.010)	0.091*** (0.025)	0.003 (0.004)	-0.016 (0.011)
	trade	-0.010* (0.006)	-0.189*** (0.043)	-0.011* (0.006)	-0.283*** (0.04)
	FDI	0.029 (0.073)	0.428** (0.218)	0.645 (0.050)	-0.036 (0.165)
	R&D	0.107 (0.402)	-0.162 (1.109)	0.855** (0.412)	3.148** (1.427)
	markt	0.0169 (0.034)	0.124 (0.104)	-0.050*** (0.013)	0.066** (0.030)

注：***、**、*分别表示1%、5%和10%的显著水平，括号中的数值为标准误。

四 小结

根据计算，我国地区产业同构指数逐渐下降和专业化指数逐步上升，表明我国地区产业结构向着差异化、专业化的方向迈进。依照区位商确定的各省代表年份优势产业的演变也可以看出，我国产业结构从低附加值的劳动密集型向高附加值资本、技术密集型转变，产业结构高度化趋势明显。继而，本章采用了传统经典回归模型和空间面板杜宾回归模型分析我国地方政府经济行为与产业结构演进的关系，并得出以下结论：

一是分税制改革以前，以市场分割为主要表现的地方政府行为加剧地区产业同构。采用空间面板回归模型进一步发现，相邻省区的市场分割、贸易壁垒是导致地区产业同构的主要影响因素。虽然市场分割对地区产业专业化的影响总体不显著，但考虑到空间因素后发现，本地市场分割对产业专业化具有正向促进作用，相邻省区市场分割会显著制约本地产业专业化发展。

二是分税制改革以后，地方政府从以前"市场分割"为主要特征转变为"经营土地"为主要特征的行为模式。地方政府经营土地的经济行为对地区产业同构影响不显著，但对地区产业专业化发展具有制约作用，在模型中考虑到空间因素后发现，地方政府经营土地的行为对本地产业专业化虽具有负向趋向，但并不显著，相邻省区经营土地的政府行为却有助于本地产业专业化发展。

从以上可以看出，地方政府行为模式的改变，也显著改变了对地区产业结构的影响。总体而言，地方政府行为模式的变化对产业结构的影响是趋好的。地方政府经济行为的改变大大减弱地区贸易壁垒，清除了生产要素流通的障碍，有助于各地区发挥资源优势、动态比较优势，发展特色产业、优势产业，推动地区产业专业化发展。

第三节　地方政府土地开发行为模式与企业绩效

前文已经得出，分税制改革以后，地方政府的行为模式从分税制改革以前的"市场分割"的经营企业行为转变为"土地开发"式的经营城市行为。鉴于数据的可得性，本书主要研究1998年以后地方政府逐步兴起的"土地开发"的热潮对企业绩效的影响。关于地方政府行为对经济的影响，宏观研究的文献已经较为丰富，对经济发展的微观主体——企业具有何种影响，文献中的理论分析也有部分提及，但一直缺乏坚实的经验研究予以支撑，从而使得地方政府行为尤其近些年来的"土地开发"行为模式对企业的影响认识不足，对产业结构转型滞后的机理缺乏微观层面的剖析。

一　土地开发影响企业绩效的内在机制及研究假说

分税制改革以前地方政府的"市场分割"行为导致国内企业利用国外市场替代国内市场实现规模经济，进而对企业行为、效益产生了重要影响。分税制改革以后，地方政府的行为逐步转变为"土地开发"以实现自身政治、经济利益的最大化。地方政府放松资源、要素流通的限制，市场配置资源的基础性作用得到强化。地方政府为了在土地开发中获取最大利益，需要创建繁荣的房地产市场，通过"招、拍、挂"等形式获取最大土地出让收益。

住宅商品化改革以及城市化推动旺盛的房地产市场需求，加上土地供给垄断，导致在过去十余年房价急剧飙升，投资与投机性需求加剧房地产市场的泡沫化。房地产业的高额利润不仅吸引增量社会资本，也使其他存量资本产生回流。另一方面，房地产的高盈利性拉高了金融机构的借贷成本，不仅使工业企业尤其是制造业企业生产成本剧增，更严重的是大大增加制造业行业中小企业的贷款难度。两个方面的因素相叠加，进一步降低制造业企业绩效（图5-10）。基于上述分析，本章提出理论假说1。

理论假说1：分税制改革以后，地方政府"土地开发"的行为模式对制造业企业绩效具有显著制约效应。

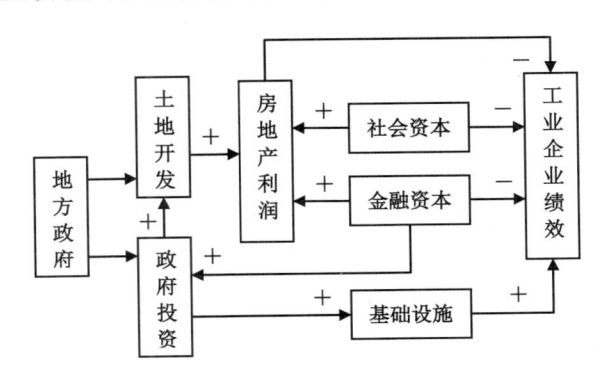

图5-10　土地开发影响企业绩效的机理

房地产业和其他许多国民经济行业有着密切联系，房地产业的适度发展可以起到很好的带动作用。随着经济发展，房地产业的过度膨胀，会极大抑制制造业企业的可持续发展能力。据此，本章提出理论假说2。

理论假说2：地方政府的土地开发行为模式对工业企业绩效的负向影响呈非线性关系，地方政府土地开发对工业企业的可持续发展能力产生严重的制约效应。

进入土地开发行为模式阶段，地方政府投资的主要领域是基础设施建设，它是塑造土地开发行为模式的重要依托和手段。基础设施对企业绩效的影响存在两种传导路径：一方面，基础设施的改善有助于企业降低生产成本，提高企业绩效；另一方面，基建投资通过土地开发推高房地产利润，诱导金融资本流向，降低工业企业绩效。进而本章提出理论假说3。

理论假说3：地方政府投资对企业绩效的最终影响取决于正负效应之和，在剥离了基础设施的影响之后，政府投资对企业绩效的制约程度取决于不同类型企业对融资的迫切程度。

二 变量及数据描述

（一）数据来源

本书工业企业的微观数据来自中国工业企业数据库1999—2008年[①]，样本范围为全部国有及规模以上（销售额500万元及以上）非国有工业企业，工业统计口径包括"制造业"（90%以上）、"采掘业"和"电力、燃气及水的生产和供应业"三个门类（聂辉华等，2012）。1999年至2008年个体企业从162033家增至411407家。在进行计量检验之前，需对原始数据进行筛选，借鉴谢千里等（2008）的筛选步骤，剔除工业总产值小于或等于0的样本；删除年度内企业员工数少于或等于8人的样本。根据本书的研究需要，剔除不连贯的样本和数据缺乏样本，最终得到236410个样本的平稳面板数据。

省级层面的数据主要来自《新中国六十年统计资料汇编》、历年《中国统计年鉴》、《中国金融年鉴》、《中国财政年鉴》等。

---

① 该数据库自1998年开始采集，为了保证数据的可靠性，多数学者使用的是2008年以前的数据。此外，由于2008年以后受到世界经济危机的冲击，因此数据截止到2008年更符合本书的研究目的。

(二) 变量测量及描述

1. 重要变量

企业绩效 (perform)。企业绩效作为被解释变量，借鉴多数研究成果，用总资产收益率表示企业绩效反映企业的盈利能力，等于企业净利润除以企业总资产，总资产包括负债总额和所有者权益。

土地开发 (land)。土地开发是本书所要研究的重要解释变量，以房地产开发投资额除以固定资产投资作为代理变量，衡量地区地方政府土地开发程度。

土地开发与企业绩效的二维散点图见图5-11，散点图密集堆积在土地开发程度较低的区域。根据二者拟合的趋势线向右下方倾斜，可以初步得出，地方政府土地开发与企业绩效呈反比，本书的理论假说1得到初步验证。二者更精确的关系还需要通过严格的计量模型检验得出。

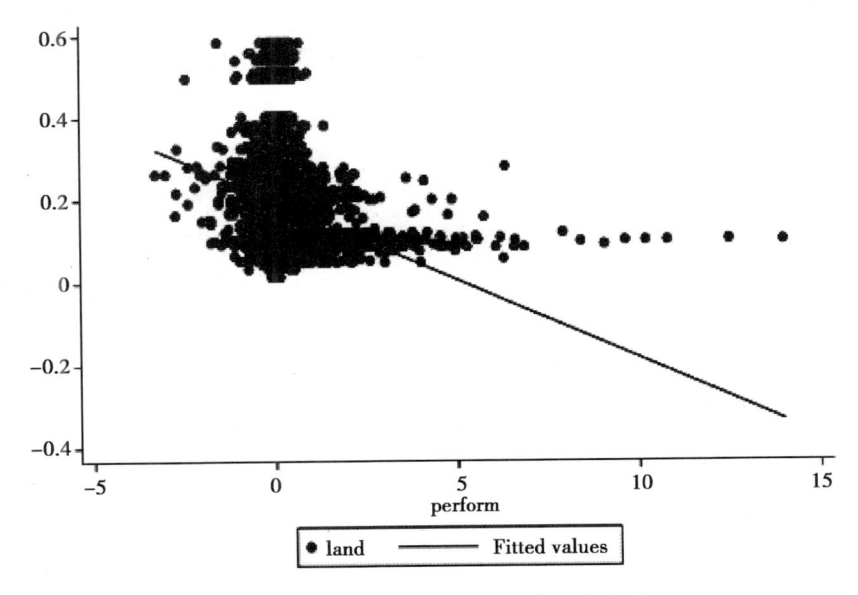

图5-11 企业绩效与土地开发的散点图

政府投资 (inves)。将政府投资作为本书的重要解释变量，是由于政府投资是塑造地方政府行为模式的基础和手段，并且政府投资领域将影响企业绩效。如果政府将资金主要投向公共服务类项目，就会促进当地企业绩效提升；如果投向竞争性领域，就会与民争利产生"挤出"效应。本书用财政支出扣除公共管理服务支出占地区生产总值的比重衡量，扣除的公共服务项目包括文体广播事业费、教育支出、医疗卫生支出、抚恤和社会救济、社会保障补助支出、国防支出、武装警察部队支出和公检法司支出等。

2. 企业层面控制变量

劳动生产率（lnprodu）。劳动生产率高的企业绩效应该表现更突出，本书采用工业企业增加值除以年均从业人数的对数表示，工业企业增加值按各地区工业生产者出厂价格指数以 1999 年可比价格进行调整。

企业所有制类型（type）。企业所有制类型可以采用注册类型和实收资本两种识别方法，聂辉华等（2012）建议根据实收资本构成确定企业类型较为可靠，实收资本分为国有资本、集体资本、法人资本、私人资本、港澳台资本和外商资本。本书将企业类型分为国有和非国有两种类型，以国有资本金占实收资本的比重衡量。

企业对外出口比重（export）。工业企业的出口状况也会对企业绩效产生影响，本书以出口交货值占企业销售产值的比重测度企业的对外贸易状况。

企业规模（lnasset）。借鉴已有研究成果，计量模型中控制企业规模。以企业总资产的对数衡量。

3. 地区层面控制变量

金融发展（finan）。当地的金融发展水平会对企业的融资成本产生影响。本书采用人均存款、人均贷款、保险费收入占 GDP 比重、保险费赔付占 GDP 比重和境内上市公司数五个指标综合衡量地区金融发展程度。通过采用主成分对指标进行合成，提取的第一主成分占全部信息量的 85.66%，较好反映全部指标的信息量。

基础设施水平（infra）。以等级公路里程与省区面积的比值得出的公路密度，衡量地区基础设施水平。

土地开发、政府投资与企业绩效在 1% 的显著性水平下相关系数分别为 -0.059 和 -0.092，大多数解释变量与被解释变量的相关性符合预期。各解释变量间的相关系数的绝对值最大在 0.7 左右，表明计量模型不存在严重的多重共线性问题。各变量的描述性统计见表 5-14。

表 5-14　土地开发行为模式影响企业绩效主要变量统计性描述

	perform	land	lnprodu	type	export	inves	finan	infra
perform	1							

续表

	perform	land	lnprodu	type	export	inves	finan	infra
land	-0.059***	1						
lnprodu	0.246***	0.117***	1					
type	-0.100***	-0.184***	-0.156***	1				
export	-0.023***	0.171***	-0.110***	-0.225***	1			
inves	-0.092***	0.219***	0.127***	0.127***	-0.099***	1		
finan	-0.018***	0.704***	-0.184***	-0.184***	0.093***	0.084***	1	
infra	0.069***	0.398***	-0.175***	-0.175***	0.070***	-0.279***	0.648***	1
最大值	14.002	0.583	13.367	1	1	0.662	5.499	145.373
最小值	-2.380	0.014	-8.419	0	0	0.027	-0.476	1.870
均值	0.067	0.193	3.859	0.155	0.224	0.094	0.628	63.965
标准差	0.172	0.085	1.105	0.343	0.371	0.026	0.969	32.620
样本数	236410	310	236410	236410	236410	310	310	310

注：***、**、*分别表示在1%、5%和10%的水平下显著。

三 分层线性回归

在采用分层线性模型进行计量分析之前，先采用基本的面板回归模型进行估计。随机效应检验的 LM 统计量 = 16000，P = 0.000，模型的随机效应非常显著，采用随机效应估计优于混合 OLS 估计。同时本节样本来自一个较大母体，并未涵盖全部，并且固定效应估计结果显示个体效应与解释变量的相关系数仅为 0.076。通过上述分析，采用随机效应模型估计较为合适，回归结果见表 5-15 第 1 列。土地开发、政府投资对企业绩效的影响显著为负。金融发展、企业规模和国有资本占比等控制变量对企业绩效均产生明显的负向影响。基础设备、企业劳动生产率等可以显著提升企业绩效。

鉴于本节面板数据的变量个体分属于企业和省区两个不同等级的层面。本书预期省区层面的不同经营环境对企业个体绩效的影响会产生差异，因而某一特定区域的所有企业赋予相同省区层面的解释变量。虽然在不同省区的企业之间是相互独立的，但在同一省区下的企业个体并非完全独立，根据一个企业的地区变量就可以得知同一地区其他企业的省区变量，同一省区的企业之间由于拥有相同的地区变量更为趋近（刘修岩、陈至人，2012；王海港等，2007），如果直接采用普通面板数据 OLS 回归将会产生有偏且不一致的估计（Hox，2002）。

分层模型（Hierarchical Model）[或称多水平模型（multilevel Model）] 可以消除这种多层数据结构带来的潜在偏误，如果变量之量是线性关系，则称为分层线性回归模型（Hierarchical Linear Model，HLM）。分层线性模型同时包含固定效应和随机效应，在回归方程中允许存在随机偏离效应，矩阵表示为：

$$y_{ijt} = x_{ijt}\beta_{ijt} + Z_{jt}u_{jt} + \varepsilon_{ijt}$$

$$Var\begin{bmatrix} u_{jt} \\ \varepsilon_{ijt} \end{bmatrix} = \begin{bmatrix} \sum & 0 \\ 0 & \sigma_\varepsilon^2 \end{bmatrix} \quad (5.10)$$

式中，i 表示企业，j 为省区，t 为年份。X_{ijt} 为固定效应变量，Z_{jt} 为随机效应变量矩阵。u_{ijt} 为随机效应，在分层线性模型中作为方差成分估计而不是直接进行估计。分层线性模型通常采用的估计方法为最大似然值法（ML）和受限最大似然值法（REML）。分层线性模型大致有随机截距、随机斜率和组内相关等多种模型，可以通过 $\sum$ 设定多种分层混合效应。

结合本书的实际，随机截距模型为：

$$perform_{ijt} = \alpha_0 + \alpha_1 \ln produ_{ijt} + \alpha_2 type_{ijt} + \alpha_3 export_{ijt} + \alpha_4 \ln asset_{ijt}$$
$$+ \alpha_5 land_{jt} + \alpha_6 inves_{jt} + \alpha_7 finan_{jt} + \alpha_8 infra_{jt} + \mu_{jt} + \nu_{ijt}$$

$$Var\begin{bmatrix} \mu_{jt} \\ \nu_{ijt} \end{bmatrix} = \begin{bmatrix} \sigma_\mu^2 & 0 \\ 0 & \sigma_\nu^2 \end{bmatrix}$$

$$(5.11)$$

拓展模型（5.11），允许省区层面变量存在随机斜率，随机斜率模型可以设定为：

$$perform_{ijt} = \alpha_0 + \alpha_1 \ln produ_{ijt} + \alpha_2 type_{ijt} + \alpha_3 export_{ijt} + \alpha_4 \ln asset_{ijt} + \mu_{0j}$$
$$+ \mu_{1j} land_{jt} + \mu_{2j} inves_{jt} + \mu_{3j} finan_{jt} + \mu_{4j} infra_{jt} + \mu_{jt} + \nu_{ijt}$$

$$(5.12)$$

此外，还需设定随机效应协方差结构，本书假定为独立结构，即：

$$\Sigma = Var\begin{bmatrix}\mu_{0j}\\ \mu_{1j}\\ \mu_{2j}\\ \mu_{3j}\\ \mu_{4j}\end{bmatrix} = \begin{bmatrix}\sigma_{\mu 0}^{2} & & & & \\ & \sigma_{\mu 1}^{2} & & & \\ & & \sigma_{\mu 2}^{2} & & \\ & & & \sigma_{\mu 3}^{2} & \\ & & & & \sigma_{\mu 4}^{2}\end{bmatrix}$$

本书分层线性模型设定成哪种形式更为合适,可以通过似然比检验进行确定。似然比检验 LR 统计量为 2096.46,p = 0.000,表明省区层面变量随机斜率是显著的,选择模型(5.12)更为合适。控制变量的分层线性回归结果与随机效应回归还存在一些差异。与随机效应回归相比,金融发展回归变量的系数符号发生改变;企业出口的影响转为正向显著,但基础设施对企业绩效的影响转为不显著。

分层线性回归结果显示,地方政府土地开发的回归系数为 -0.192,表明土地开发行为显著制约企业绩效,检验结果支持理论假说 1。另外,地方政府投资对企业绩效也具有显著的制约效应。政府投资在抛开了基础设施影响的传导路径以后,对企业绩效呈现显著的制约作用。土地开发和政府投资对企业绩效的影响是否存在动态变化,还需下文进一步研究。

控制变量中金融发展可以促进企业绩效。在企业层面,企业生产率提高也有助于企业绩效提升,企业对外出口也明显提高企业绩效表现,与经验直觉基本一致。企业规模扩大和国有资产比重过高均显著制约企业绩效。这些结论并不是本书研究重点,在此不进行扩展讨论。

表 5-15　　土地开发行为模式影响企业绩效基准模型回归结果

解释变量		RE 估计	HLM 估计		
			系数值	随机效应参数	
省区层面	land	-0.032*** (0.008)	-0.192** (0.080)	sd(land)	0.372 (0.066)
	inves	-0.297*** (0.184)	-0.136* (0.073)	sd(inves)	0.325 (0.061)
	finan	-0.021*** (0.001)	0.045*** (0.012)	sd(finan)	0.052 (0.010)
	infra	0.001*** (0.00001)	0.00001 (0.0001)	sd(infra)	0.001 (0.0001)

续表

解释变量		RE 估计	HLM 估计		
			系数值	随机效应参数	
企业层面	lnprodu	0.046*** (0.004)	0.054*** (0.0003)	sd（_cons）	0.041 (0.008)
	lnasset	-0.021*** (0.0004)	-0.022*** (0.0002)	sd（Residual）	0.156 (0.0002)
	type	-0.011*** (0.001)	-0.026*** (0.001)		
	export	-0.001 (0.001)	0.015*** (0.001)		
	_cons	0.117*** (0.005)	0.143*** (0.011)		
R²/Log likelihood		0.069	103754.8		
样本数		236410	236410		

注：***、**、*分别表示在1%、5%和10%水平下显著，括号内为标准误。

四 面板分位数回归

传统计量回归是对变量条件均值影响程度的探讨，难以反映自变量对因变量影响程度的变化轨迹。为了更精确地描述政府土地开发及政府投资对企业绩效的变化范围及分布形状的作用，需要采用面板分位数回归（Quantile Regression）。Koenker（2004）将分位数回归（Koenker 和 Bassett，1978）扩展到面板数据模型，提出了惩罚固定效应估计法（penalized fixed-effects method，简称 PFE）。其原理就是最小化因变量与其拟合值之差的绝对值，也即加权残差绝对值之和最小得到参数估计，它具有无需假设数据的正态分布、不易受离群值影响等优点。面板分位数回归方程的表达式为：

$$q(X_{pi}, C_p, \tau) = x'_{pi}\beta(\tau) + \alpha_p, \ p = 1, \cdots P, \ i = 1, \cdots, I.$$

式中，q 为连续变量 y 的 τ 分位值，x_{pi} 为解释变量向量，下标 p 表示省区，i 为工业企业。$\beta(\tau)$ 为 τ 分位数下对应的系数向量。分位数 τ 在 0—1 之间变动，对参数的估计就是使加权残差绝对值最小化，即：

$$\hat{\beta} = \underset{\alpha, \beta}{\mathrm{argmin}}\Big(\sum_{j=1}^{k}\sum_{p=1}^{p}\sum_{i=1}^{i} w_j \rho_{\tau j}(y_{pi} - \alpha_p - x'_{pi}\beta(\tau_k)) + \lambda \sum_{p=1}^{p}|\alpha_p|\Big)$$

式中，w_j 是权重，确定分位数 τ_k 对模型估计的影响。λ 是校对参数，控制惩罚项的影响。假如样本个体可以划分为 C 种类型，它是不随时变、难以被个体所控制的不可观测因素。Koenker 的面板分位数回归的固定效应法可以处理类型 c 与可观测变量 X 不相关的面板模型。如果 C 与 X 相关，固定效应的处理方法将是有偏的。由 Abrevaya 和 Dahl（2008）首次提出，Bache 等（2013）详细阐述的相关随机效应估计法（correlated-random-effects method，简称 CRE）可以有效处理此类模型。CRE 模型表达式为：

$$q(X, S, \tau) = X'\beta(\tau) + S'\pi(\tau)$$

式中，S 是为控制样本所属类型 C 形成的内生效应所构建的协变量，则 CRE 模型参数的估计值为：

$$(\hat{\pi}(\tau), \hat{\beta}(\tau)) = \underset{\pi, \beta}{\operatorname{argmin}} \sum_{p=1}^{P} \sum_{i=1}^{I_p} \rho_\tau(y_{pi} - s'_p\pi - x'_{pi}\beta)$$

本节 236410 个工业企业分别属于 31 个省区，非时变的异质性省区效应与可观测变量高度相关[①]，采用 CRE 面板分位数回归可以得到更可靠的估计结果。在回归中，分位数 τ 分别取 10%、25%、50%、75% 和 90%，估计出在不同分位水平上对应的解释变量参数值（表5-16）。从面板分位数回归结果看，在所有分位水平上，地方政府土地开发行为均呈显著制约企业绩效，回归系数在 [-0.073 至 -0.239] 之间浮动。10% 的分位点土地开发的回归系数为 -0.073，到 25% 的分位点时回归系数收敛到 -0.043，随着分位点的进一步提高，回归系数的绝对值急剧扩大，到企业绩效 90% 的分位点时，土地开发的回归系数扩大到 -0.239。土地开发的回归系数随着分位点的提高呈倒 U 形，这意味着在控制企业绩效其他影响因素的情况下，随着公司的发展、企业绩效的提升，土地开发对企业绩效的制约作用呈先减缓后增强的倒 U 形关系。由此证实了上文提出的理论假说 2。

在剥离了基础设施的影响途径之后，政府投资变量的回归系数均显著为负，显示政府投资显著制约企业绩效。不同分位点上政府投资的系数绝对值差异明显，在 10%、25%、50%、75% 和 90% 分位点上的回归系数分别为 -0.120、-0.052、-0.036、-0.041 和 -0.102，政府投资在 10% 和

---

① 如某一省区的工业企业均会受到同一省区效应的影响，但不同地区的省区效应是不同的，不同地区的工业企业数量和类型分布明显不同。省区效应对工业企业绩效具有显著影响。

90%分位点上的回归系数的绝对值远远大于在25%、50%和75%分位点上回归所得系数的绝对值,显示政府投资对此类企业的负面影响最严重。政府投资对经营绩效不同的工业企业的影响为何具有如此明显的差异呢? 由于企业绩效最差的工业企业流动资金紧缺,绩效最好的企业具有扩大生产的强烈动机,两类企业对融资的需求相对强烈,非常需要金融、社会等外部融资的支持。同时,地方政府投资,以及由此导致的地方债务循环和房地产开发的资金需求量大,地方政府借贷成本的外部性或房地产开发的高额利润对融资成本的敏感程度低,为了获取资金,往往抬高利率以尽快获取资金融通。由此导致政府投资挤占工业企业的融资,推动市场利率的提升,这对融资成本相对敏感的工业企业的负面影响非常明显,尤其是对融资需求强烈的经营绩效最差和最好的工业企业制约程度更为严重。因此,检验结果证实了上文提出的理论假说3。

在此,对控制变量的回归结果也做一简要介绍:金融发展对企业绩效差的公司具有显著的正向影响,随着企业绩效提升其影响由正转负。这一现象也符合资源的配置效率,当公司企业绩效较低,紧缺资源——金融资本能获得最佳的使用效率。随着企业绩效提升,货币资本稀缺性得到缓解甚至出现金融资本利用不经济现象。基础设施对企业绩效的影响在10%和25%分位点上回归系数显著为负,在50%、75%和90%分位点回归系数为正,显示基础设施建设对工业企业的成长具有显著促进作用。企业出口的回归系数在10%的分位点为负值,在25%、50%和75%分位点上均显著为正,在90%分位点上回归系数不显著,表明在企业成长过程中,对外出口有助于工业企业绩效的提升,推动企业发展壮大,随着企业发展到一定程度,对外出口的促进作用不再显著。企业劳动生产率、企业规模和企业类型对企业绩效的影响与基准模型结果一致,这里不再赘述。

表5-16 土地开发行为模式影响企业绩效的面板分位数回归结果

解释变量 \ 分位点	10%	25%	50%	75%	90%
land	-0.073 *** (0.008)	-0.042 *** (0.006)	-0.073 *** (0.008)	-0.138 *** (0.016)	-0.239 *** (0.027)

续表

分位点 解释变量	10%	25%	50%	75%	90%
inves	-0.120*** (0.018)	-0.052*** (0.011)	-0.036*** (0.014)	-0.041* (0.025)	-0.102** (0.040)
finan	0.004*** (0.001)	0.002*** (0.0004)	0.001* (0.001)	-0.003* (0.001)	-0.015*** (0.003)
infra	-0.0001*** (0.00002)	-0.0004*** (0.00001)	0.0001** (0.00002)	0.0003*** (0.0001)	0.001*** (0.0002)
lnprodu	0.017*** (0.001)	0.015*** (0.001)	0.027*** (0.001)	0.047*** (0.002)	0.069*** (0.003)
lnasset	-0.001 (0.0005)	-0.002*** (0.0003)	-0.005*** (0.001)	-0.014*** (0.001)	-0.030*** (0.002)
type	-0.011*** (0.002)	-0.008*** (0.001)	-0.012*** (0.001)	-0.017*** (0.003)	-0.020*** (0.005)
export	-0.001 (0.002)	0.003*** (0.001)	0.006*** (0.002)	0.010*** (0.003)	0.005 (0.005)
常数项	-0.059*** (0.007)	-0.025*** (0.005)	-0.008 (0.008)	0.055*** (0.016)	0.191*** (0.030)
p.land	0.018 (0.019)	0.028** (0.011)	0.061*** (0.023)	0.127*** (0.047)	0.221** (0.089)
p.inves	0.044 (0.036)	-0.002 (0.019)	-0.031 (0.027)	-0.097* (0.053)	-0.172 (0.115)
p.finan	-0.002 (0.002)	-0.002 (0.001)	-0.003 (0.003)	-0.004 (0.005)	-0.007 (0.011)
p.infra	0.0002** (0.0001)	0.0001** (0.0001)	0.0001 (0.0001)	0.0001 (0.0001)	0.0002 (0.0002)

注：***、**、*分别表示在1%、5%和10%水平下显著，括号内为标准误。p.land、p.inves、p.finan 和 p.infra 代表控制的相关随机效应。

五 分地区、分企业类型的进一步分析

民营企业、港澳台企业和外资企业主要聚集于沿海地区，地方政府土地开发行为对工业企业绩效的影响存在地区差异，土地开发所引发借贷资本结构错配和方向错配对非国有企业的影响应该大于国有企业。此外，地方政府土地开发行为推动了房地产业、建筑业的发展。房地产业是关联性很强的行业，房地产业的繁荣会带动钢铁、水泥、木材、玻璃等制造业的

发展。不同类型行业对流动性的需求程度不一，土地开发行为对各类型工业企业的影响也会存在明显差异。继而，本书在证实了上文提出的三条理论假说的基础上，提出如下经验假说。

经验假说：地方政府的土地开发行为对不同地区、不同行业的影响具有明显差异。总体而言，对沿海地区企业、非国有工业企业，对资金需求量较大的资本、技术密集型企业绩效制约效应更严重。

为了检验该经验假说，进一步厘清各地区、各行业企业绩效所受影响的差异，本书接着采用分层线性模型对其进行深入剖析。

本节收集的236410个企业样本中，沿海地区企业有177400家，内陆地区仅为59010家，沿海企业占75%。沿海地区规模以上工业企业数量远远高于内陆地区，并且沿海企业和内陆企业在企业类型与经营范围存在巨大差异，比较不同地区工业企业绩效所受地方政府土地开发行为的影响差异很有必要。[①] 从回归结果可以看到（表5-17），沿海地区土地开发的回归系数的绝对值大于内陆地区，这就意味着沿海地区土地开发行为对企业绩效的制约效应大于内陆地区，这是因为沿海地区是我国非国有企业的主要聚集地[②]，地方政府土地开发引发金融资本避"实"就"虚"、结构错配，融资难、融资贵使得大批制造业企业尤其是民营企业投入产出效率大幅下降，引发减产甚至关停。政府投资变量的回归结果显示，沿海地区政府投资的回归系数为-0.074且没有通过显著性检验，内陆地区政府投资的回归系数在1%的显著性水平下为-0.162。地方政府投资对内陆地区企业绩效具有显著的制约效应，而对沿海地区企业绩效影响并不显著。得出这个结论并不令人惊奇，内陆地区金融市场相对单一、落后，工业企业的融资主要依赖于银行业，地方政府投资诱导的金融资本主要流入地方投融资平台和房地产业，对内陆工业企业的影响更为明显。

根据企业所有制类型，按照国有企业和非国有企业分别进行回归，国有企业土地开发的回归系数为-0.060，相比非国有企业回归系数-0.196，

[①] 沿海地区包括北京、天津、河北、辽宁、山东、江苏、上海、浙江、福建、广东和海南十一省市；内陆地区包括：山西、黑龙江、安徽、江西、河南、湖北、湖南、广西、重庆、四川、贵州、云南、西藏、陕西、甘肃、青海、宁夏和新疆十八省市区。内蒙古、吉林由于没有企业进入平衡面板而被消除。

[②] 样本数据中，国有企业（国有资本占总资本50%以上）仅占15%。

绝对值要小得多。这就意味着，地方政府土地开发行为模式对非国有企业的负面影响大于国有企业。其中原因不难理解，国有工业企业拥有非国有企业所不具备的资源积累和人脉优势，信贷资金供给偏向对国有工业企业的经营不会造成很大的制约。政府投资的回归结果显示，国有企业类型中政府投资的回归系数在1%的显著性水平下为-0.143，非国有企业里政府投资的系数为-0.090，且没有通过显著性检验。相对于非国有企业，国有企业的运营更依靠于银行借贷，因而政府投资推高的银行信贷成本对国有工业企业的负面效应也大于非国有企业。

表 5-17　　　　　分地区、分企业类型的分层线性模型回归结果

		按地区划分		按企业类型划分	
		沿海地区	内陆地区	非国有企业	国有企业
省区层面	land	-0.255** (0.121)	-0.160** (0.077)	-0.196** (0.092)	-0.060** (0.027)
	inves	-0.074 (0.171)	-0.162*** (0.052)	-0.090 (0.089)	-0.143*** (0.032)
	finan	0.034* (0.019)	0.052*** (0.014)	0.060*** (0.015)	-0.001 (0.006)
	infra	-0.00001 (0.0002)	-0.00001 (0.0002)	0.00003 (0.0001)	0.0001 (0.0001)
企业层面	lnprodu	0.056*** (0.0004)	0.049*** (0.001)	0.058*** (0.0004)	0.034*** (0.0005)
	lnasset	-0.023*** (0.0003)	-0.019*** (0.0004)	-0.026*** (0.0003)	-0.005*** (0.0003)
	type	-0.030*** (0.001)	-0.022*** (0.001)		
	export	0.017*** (0.001)	0.002 (0.003)	0.018*** (0.001)	0.010*** (0.003)
_cons		0.146*** (0.020)	0.126*** (0.009)	0.156*** (0.012)	-0.010* (0.006)
sd (land)		0.383 (0.090)	0.247 (0.064)	0.420 (0.078)	0.072 (0.019)
sd (inves)		0.525 (0.132)	0.118 (0.051)	0.394 (0.072)	0.040 (0.028)
sd (finan)		0.059 (0.154)	0.037 (0.010)	0.062 (0.012)	0.023 (0.005)
sd (infra)		0.001 (0.0002)	0.005 (0.0001)	0.001 (0.0001)	0.0002 (0.0001)
sd (_cons)		0.059 (0.016)	0.000 (0.0002)	0.044 (0.009)	0.000 (0.000)

续表

	按地区划分		按企业类型划分	
	沿海地区	内陆地区	非国有企业	国有企业
sd（Residual）	0.162 (0.0003)	0.137 (0.0004)	0.164 (0.0003)	0.084 (0.0003)
Log likelihood	71487.02	33533.64	77434.71	37997.81
样本数	177400	59010	200327	36083

注：***、**、*分别表示在1%、5%和10%的水平下显著，括号中的数值为标准误。

工业企业数据库中的统计口径包括规模以上的"制造业"、"采掘业"和"电力、燃气及水的生产和供应业"三个门类，其中制造业占90%以上。本节按照生产要素的密集程度将数据库中的二位数行业重新划分为劳动密集型、资本密集型、技术密集型和其他工业四大类型。① 从回归结果中可以看到（表5-18），地方政府土地开发行为均显著制约各类型行业的企业绩效，技术密集型回归方程中土地开发的回归系数绝对值大于资本密集型土地开发的系数绝对值，资本密集型中的回归系数绝对值大于劳动密集型中的绝对值。在控制了影响企业绩效的其他因素后，地方政府土地开发行为对资本、技术密集型制造业行业的负面作用大于劳动密集型行业，这是由于属于资本、技术密集型行业的企业需要大量的流动性支持，金融资本的避"实"就"虚"和融资成本上涨对此类企业的影响大于对资金需求量较少的劳动密集型企业。研究结果显示，土地开发行为对其他工业类型企业（包含了钢铁、水泥等行业）的企业效应也具有制约作用，但

---

① 劳动密集型行业包括二位数行业代码13—24，分别为：农副食品加工业，食品制造业，饮料制造业，烟草制品业，纺织业，纺织服装、鞋、帽制造业，皮革、毛皮、羽毛（绒）及其制品业，木材加工及木竹、藤、棕、草制品业，家具制造业，造纸及纸制品业，印刷业和记录媒介的复制，文教体育用品制造业。资本密集型行业包括代码25—34，分别为：石油加工炼焦及核燃料加工业，化学原料及化学制品制造业，制造业，橡胶制品业，塑料制品业，非金属矿物制品业，黑色金属冶炼及压延加工业，有色金属冶炼及压延加工业，金属制品业。技术密集型行业包括代码35—43（不含38）：通用设备制造业，专用设备制造业，交通运输设备制造业，电气机械及器材制造业，通信设备、计算机及其他电子设备制造业，仪器、仪表及文化、办公用机械制造业，工艺品及其他制造业，废弃资源和废旧材料回收加工业。其他工业包括采掘业行业（代码06—11）和电力、燃气及水的生产和供应业（代码44—46），分别为：煤炭开采和洗选业，石油和天然气开采业，黑色金属矿采选业，有色金属矿采选业，非金属矿服务业，其他采矿业，电力、热水的生产和供应业，燃气生产和供应业，水的生产和供应业。

其制约程度弱于对资本、技术密集型企业的影响。值得一提的是，政府投资对劳动密集型和资本密集型企业绩效的制约作用非常显著，但对技术密集型和其他工业企业绩效的影响并不显著，政府投资对不同类型企业绩效的制约作用与地方政府土地开发行为的影响趋势截然迥异，这是由于技术密集型企业更能从地方政府和中央政府手中获得产业政策、土地使用和税收、信贷资金等多种扶持。对于技术密集型企业而言，政府投资引发的工业企业信贷资本短缺和借贷成本上升的负面影响部分得到稀释。

综合以上分地区、分企业类型的回归结果，地方政府土地开发行为模式对沿海地区、非国有企业或资本、技术密集型企业的负面效应大于非同类型企业，上文提出的经验假说得以证实。政府投资对沿海地区、非国有企业或技术密集型企业的负面效应小于非同类型企业，与土地开发行为的相对影响正好相反。

表 5-18　　　　　　　　分行业的分层线性模型回归结果

		劳动密集型	资本密集型	技术密集型	其他工业
省区层面	land	-0.130** (0.056)	-0.162** (0.071)	-0.205*** (0.059)	-0.151** (0.062)
	inves	-0.182** (0.072)	-0.165** (0.076)	-0.116 (0.076)	-0.110 (0.069)
	finan	0.026** (0.012)	0.042*** (0.133)	0.026** (0.013)	0.036*** (0.014)
	infra	0.0002 (0.0001)	-0.00003 (0.0001)	0.00002 (0.0001)	0.0002 (0.0002)
企业层面	lnprodu	0.053*** (0.001)	0.054*** (0.001)	0.057*** (0.001)	0.056*** (0.001)
	lnasset	-0.023*** (0.001)	-0.023*** (0.0004)	-0.019*** (0.0004)	-0.027*** (0.001)
	type	-0.033*** (0.003)	-0.009*** (0.002)	-0.020*** (0.002)	-0.060*** (0.003)
	export	0.010*** (0.002)	0.012*** (0.002)	0.023*** (0.002)	-0.026 (0.021)
_cons		0.147*** (0.012)	0.142*** (0.011)	0.098*** (0.011)	0.213*** (0.016)
sd (land)		0.175 (0.045)	0.281 (0.067)	0.202 (0.057)	0.111 (0.068)
sd (inves)		0.143 (0.084)	0.250 (0.080)	0.195 (0.071)	0.000 (0.000)
sd (finan)		0.039 (0.009)	0.051 (0.010)	0.048 (0.010)	0.039 (0.011)

续表

	劳动密集型	资本密集型	技术密集型	其他工业
sd（infra）	0.0005 (0.0001)	0.0005 (0.0001)	0.0004 (0.0001)	0.001 (0.0001)
sd（_cons）	0.019 (0.007)	0.028 (0.008)	0.023 (0.008)	0.0147 (0.007)
sd（Residual）	0.168 (0.005)	0.147 (0.0004)	0.139 (0.0004)	0.186 (0.001)
Log likelihood	24979.41	37232.44	38212.66	6156.91
样本数	68236	75419	69253	23496

注：***、**、*分别表示在1%、5%和10%的水平下显著，括号中的数值为标准误。

六 小结

本节首先阐述了地方政府土地开发行为影响企业绩效的内在机制，在此基础上构建土地开发行为影响企业绩效的三个理论假说，以1999—2008年236410家中国工业企业数据为样本，采用分层线性模型和面板分位数回归模型分析地方政府土地开发行为对我国工业企业绩效的总体影响和分阶段效应，接着对不同地区、不同类型和不同行业的企业绩效做了进一步实证检验。研究结果显示地方政府土地开发行为和塑造此行为模式的政府投资均显著影响工业企业绩效表现，主要得出以下四点重要结论：（1）在控制了影响工业企业绩效的其他因素以后，总体而言，地方政府土地开发行为显著制约企业绩效提升。（2）地方政府土地开发行为模式对企业绩效的负面影响呈先减缓后增强的倒U形关系，对经营效益好的企业负面效应大于经营绩效差的企业，土地开发行为大大削弱工业企业可持续发展能力。（3）政府投资对企业绩效具有正负两种影响途径。在剥离基础设施建设的影响后，政府投资对工业企业绩效具有明显制约作用，并对融资需求较为迫切的经营绩效最差和最好的工业企业的制约程度高于经营绩效处于中等的工业企业。（4）分地区、分企业类型的进一步研究发现，地方政府土地开发行为对沿海地区、非国有企业或资本、技术密集型的企业绩效负面影响大于非同类工业企业；与此相反，政府投资对沿海地区、非国有企业和资本、技术密集型企业绩效的负面影响要小于非同类工业企业。

十余年来，地方政府土地开发行为以及塑造此行为模式的地方政府投资不仅导致工业企业绩效下滑、实体经济萎缩，而且由此催生的地方债务危机与潜在金融系统性风险相互交织，使得土地开发的行为模式对经济系统的破坏风险不断累积。转变地方政府土地开发的行为模式，实现经济增长转型已经刻不容缓。

第四节　地方政府土地开发行为模式与劳动供给

一　理论基础

对于大多数普通家庭而言，商品住房是家庭财富的主要构成，房价上涨直接影响到家庭总财富的增减。随着房价攀升，理性"经济人"在家庭财富效用最大化约束下，可以分别从产品需求和劳动供给两侧进行调整应对家庭总财富的变动（吴伟平等，2016）：在需求侧，家庭成员可以调整消费和储蓄需求平衡预算；在供给侧，家庭成员可以调整劳动参与程度平衡收支。房地产部门价格上涨会通过一系列的途径影响理性"经济人"的劳动参与决策，本书主要从供给侧剖析地方政府土地开发行为模式导致的房价上涨对社会劳动者劳动时间供给的影响机制。商品房除了具有投资品的金融属性外，还作为生活的必需品排在"衣食住行"的第三位。无论社会劳动者主观是否愿意，都将或主动或被动参与到房地产市场中来。房价上涨会通过经济系统的价格、产业等传导途径影响到劳动者个体劳动时间供给。

房价过快上涨会通过产业链价格传导，引起其他产业及物价水平波动。缪仕国（2011）从货币政策角度研究发现，房价是物价上涨的主要原因。刘晓欣、贾庆英（2014）进一步研究发现，消费者价格指数CPI对房地产价格波动比其他物价指数敏感，并且，经济发展水平越高，物价对房价波动就越敏感（刘晓欣、贾庆英，2014）。随着房价上涨，由于名义工资不能根据物价水平变化迅速调整，对社会劳动者而言，则意味着实际工资减少和生活成本上升，生活必需品的刚性需求迫使劳动者只有增加劳动供给，延长工作时间获取更多名义工资抵消物价上涨带来的生活压力。房价上涨也存在着减少劳动时间供给的制约机制。房价上涨会从产品供给和需求两侧对制造业产生抑制：由房价上涨产生的资本所得大大高于其他行业的平均收益，不仅会吸引社会增量资本的进入，而且也会对存量资本产生挤压。金融资本错配使实体经济融资环境恶化,导致制造业萎缩。另一方面,工薪阶层作为购房主力,购房者承担的房贷压力使消费需求受到约束,导致产品生产过剩。制造业企业两侧受压,企业面临减产或破产,工人劳动时间被动减少。

房价上涨除了会通过经济系统间接作用劳动供给外,更会通过直接途径影响社会劳动者劳动时间供给。

(一) 财富效应

对于有房家庭,尤其是拥有多套房产的家庭,房价上涨不仅可以获得高昂的房产增值财富,在持有期间还可以获得房屋出租收益;对于只有独套自住房且背负按揭还贷压力的家庭而言,房价上涨带来的房产增值虽然难以变现,但潜在资产溢价会显著影响家庭成员劳动者心理预期,放松信贷约束,改变劳动者参与决策。此外,在既定时间约束下,房价上涨带来的房产财富溢价会增加休闲、消费对劳动时间供给的替代(Disney & Gathergood,2016)。

(二) 斜杠效应

斜杠效应最早是由美国专栏作家埃尔博尔(Alboher,2007)在其新书《一人/多重身份:斜杠效应如何影响我们》中提出,它是指一个人身兼数职,同时跨界多个职业领域。房价持续上涨也会从心理上影响个体劳动参与决策。房价上涨会使炒房等投机活动获得远高于正常工作所挣得的工资收益,工作的机会成本大幅攀升,劳动付出与工资所得产生的心理失衡会挫伤劳动者工作积极性,房价收入比的持续扩大会减少对当前所从事工作的热情和满意度,房价高涨所带来的住房财富溢价会吸引劳动者将精力转向房地产投资或炒房等活动,在劳动者可供支配时间既定的约束下,劳动者的"不务正业"会减少劳动时间供给。

(三) 房奴效应

对于无房产且有购房需求的刚需家庭,房价上涨产生的负向收入效应会大幅增加购房成本和按揭还贷金额。在房贷压力下,购房家庭成员须延长劳动时间供给,以获得更多的劳动报酬。房价持续上涨也迫使部分家庭的父母为了资助子女购房而加大劳动供给,部分本已退出劳动力市场的父母不得不重返劳动力市场(吴伟平等,2016)。房价上涨对有购房需求的无房劳动者群体而言可能存在着两种截然相反的效应:当房价上涨幅度还在劳动者收入预期的承受范围内,即房价收入比还在某一临界值以内,房价上涨所产生的潜在购房压力会增加劳动时间供给；当房价收入比超过某一临界值后，潜在购房者的购房需求难以转化为有效需求，房奴效应消失。

（四）示范效应

拥有一定资本积累的劳动者通过炒房获得远高于社会平均收益的财富溢价必然会对其他劳动者产生强烈的物质、心理刺激，在先行炒房者的示范效应下，其他劳动者也会积极涌入这一资本盛宴。对于无房者而言，也会通过借贷等多种杠杆形式积极筹措购房款购买房产，不仅可以满足自己的居住需求，而且还可以获得房价上涨的财富心理溢价。房价高涨可以轻易迅速积累财富的示范效应使社会劳动者认识到，脚踏实地努力工作不如"不务正业"投机所得，市场的逆向选择导致社会劳动者浮躁之风盛行，这种负向激励对社会劳动者劳动供给的影响是最持久，最难以被纠正的。

（五）塞里格曼效应

塞里格曼效应是根据美国心理学家塞里格曼（Seligman，1967）的名字而命名，它是指当个人发现，无论如何努力，都以失败而告终，最后精神支柱瓦解而放弃努力。当房价收入比超过某一临界值，社会劳动者发现，无论自己如何努力工作，也难以在工作城市购房安家，劳动者最后会放弃努力，从而减少劳动时间供给。

根据上述影响机制，本书认为有房劳动者和无房劳动者劳动供给曲线应该存在明显差异（见图5-12和图5-13）：

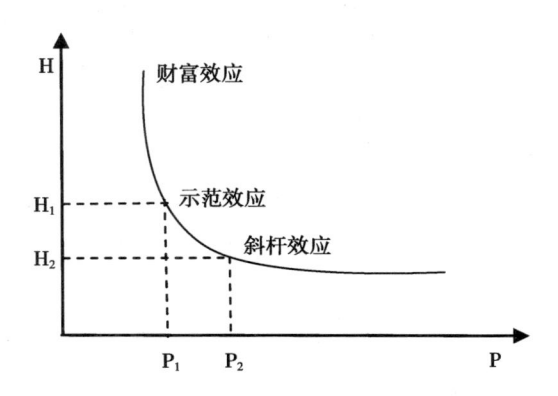

图5-12　有房/高收入劳动者劳动供给

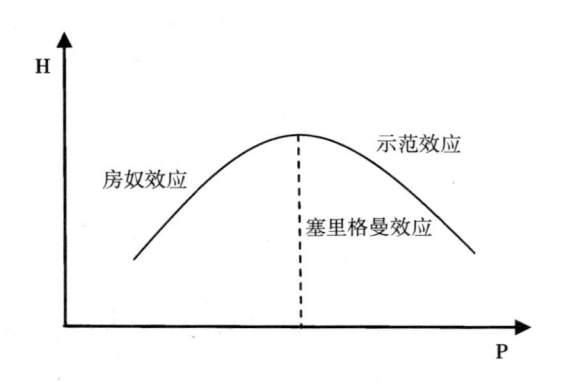

图 5-13 无房/中、低收入劳动者劳动供给

对于有房劳动者而言，房价高涨产生的财富效应、示范效应和斜杠效应会大幅减少劳动时间供给，即财富效应+示范效应+斜杠效应<0。

对于无房劳动者而言，房价上涨对劳动供给的影响取决于房价收入比的临界值。当房价上涨还在劳动者收入预期可承受范围内，即未越过临界值，房价上涨产生的房奴效应的正向激励超过示范效应的负向激励，即塞里格曼效应=0，房奴效应+示范效应>0，当房价收入比超过某一临界值，无房劳动者无力购买房产，劳动供给曲线由示范效应和塞里格曼效应构成，即房奴效应=0，示范效应+塞里格曼效应<0。

对于流动人口劳动者而言，他们多来自内地房价相对较低的地区，就业地相对高额的工资报酬和高昂的房价与限购制度约束决定了流动人口具有就业地和房屋所在地的分离特征，就业地高额的工资报酬大幅减缓房屋所在地的房贷约束，有助于减少流动人口劳动时间供给。

既然房价上涨既存在着影响劳动供给正负相反的两种作用机制，那么在现实中究竟哪种力量起着主导作用呢？本书基于我国劳动力的演变和统计数据，分别从宏观的劳动数量供给和微观的劳动时间供给两个层面描述经验事实。

20 世纪 80 年代后期，伴随着城市化的推进，我国开启了农村劳动力大规模向城市转移的序幕。2001 年加入 WTO 以后，我国具有比较优势的劳动密集型产业进一步吸引农村剩余劳动力大规模转移，形成"民工潮"。有统计数据显示，2001 年农村迁移到城镇并且居住半年以上的人口为 8000 万人，到 2008 迅速增长到 1.4 亿（屈小博、程杰，2017）。农村人口向城镇和非农产业转移所释放出的"人口红利"成为经济增长的主要源泉之一。从 2009 年开始，东部沿海地区用工企业频现劳动力短缺，工人工资及劳动力成本大幅攀升，劳动力市场出现"民工荒"、"涨薪潮"现象。以蔡昉为代表的很多学者认为我国劳动力过剩的时代已经结束，"刘易斯拐点"已经到来[①]。但有学者认为，我国近些年来出现的"民工荒"和"涨薪潮"现象并非是劳动力市场进入"刘易斯转折区域"所致，而是由于农民工主体发生变化，新一代农民工在工资待遇、工作环境、工作条件、人性化管理等方面期望远高于老一代民工所致（陆慧、张瑛，2016）。无论"民工荒"背后的原因是什么，劳动力数量供给出现短缺却是不争的事实。同时伴随着城市化的兴起，还有房地产业的蓬勃发展和房价的节节攀升。根据《中国统计年鉴》数据，我国商品房平均销售价格从 1998 年的 2063 元/平方米上涨至 2016 年的 7476 元/平方米。从统计数据来看，根据当年价格计算 18 年间商品房平均销售价格仅涨 3.62 倍。这种平均算法大幅拉低沿海区域和内陆重点城市商品房房价的涨幅，从我国大中城市商品房销售价格来看，涨幅还是非常惊人的，尤其是在 2016 年到 2017 年间，很多城市商品房房价涨幅已然翻番。从我国二十余年经济发展进程看，房价上涨的同时也出现了市场劳动力供给减少的事实。二者是否存在必然联系还需要进一步采用统计数据来验证。

本书进一步根据北京师范大学中国收入分配研究院组织调查收集的中国居民收入调查微观数据（China Household Income Projects，简称 CHIPS，该数据收集的最近日期是 2013 年，合称为 CHIPS2013），计算出劳动者所在地级市劳动力平均每月工作小时数，共得出 117 个有效样本。本书同时从国研网数据库中收集、计算当年该市商品房平均销售房价和房价涨幅。将二者与城市劳动者个体平均劳动时间投射于二维散点图中，从图 5-14 拟合趋势线可以看出，117 个城市平均房价与个人劳动时间供给呈反比关系。城市房价平均涨幅与劳动时间供给也呈类似反比关系，见图 5-15。

[①] 蔡昉认为，2004 年沿海地区开始出现"民工荒"为刘易斯转折点的起点，2010 年 15—59 岁劳动年龄人口开始负增长作为人口红利消失的起点，中国已经跨越刘易斯转折区域。

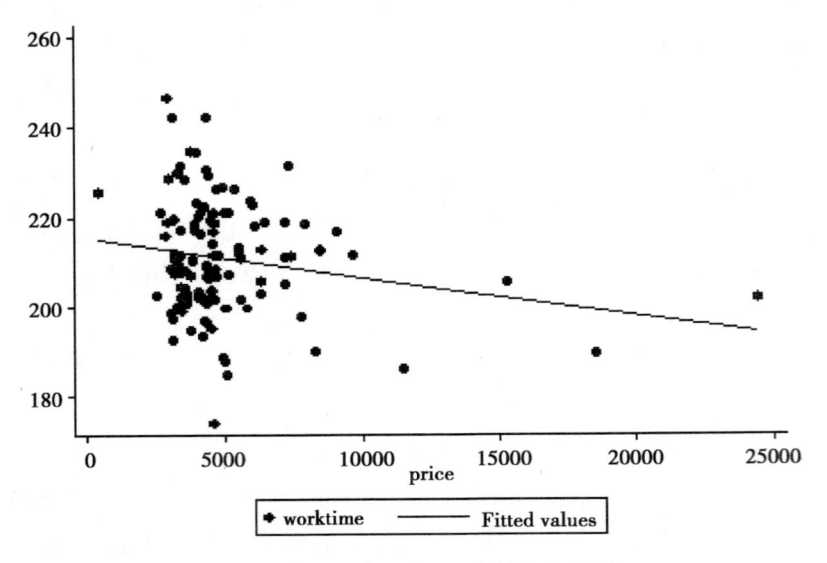

图 5-14　城市房价与工作时间散点图

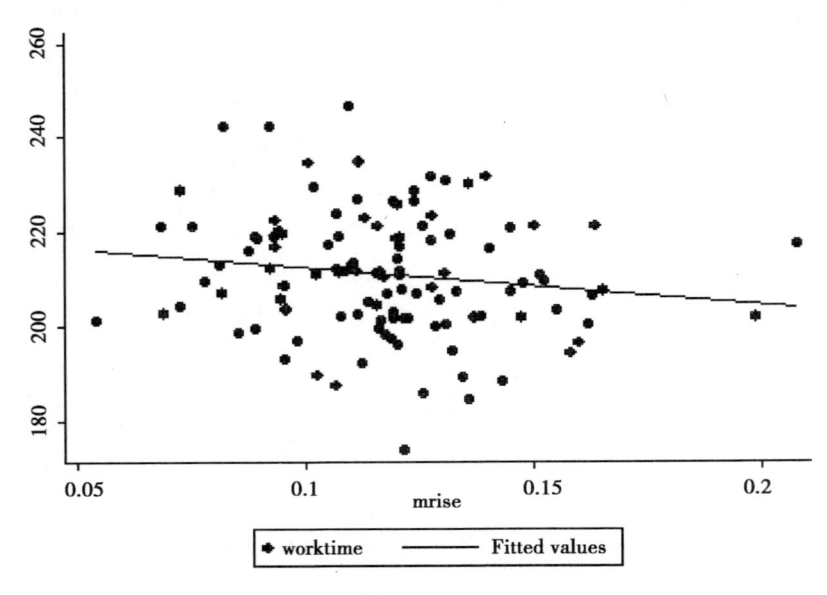

图 5-15　城市房价涨幅与工作时间散点图

房价上涨和劳动时间供给关系的经验事实和统计数据初步表明：相比房价上涨增加劳动时间供给的可能性，更有可能存在的是房价上涨对个体劳动时间供给存在着负向效应,这种影响是否显著还需要采用计量模型进行更深入的分析。

二 模型构建及实证检验

房价上涨对劳动时间供给的影响可能存在着个体差异,不同年龄、不同收入水平等具有不同个人禀赋和个体特征的劳动者在面临房价上涨所做出的劳动参与决策时可能明显不同。吴伟平等(2016)在研究房价对女性劳动参与决策中发现,不同婚姻状况、不同受教育年限以及是否有儿子家庭的女性劳动参与决策存在明显的异质性特征。沈煜和丁守海(2017)在研究中也发现,工资对不同家庭物质条件的劳动者劳动供给存在着不同的激励效应,相较于家庭相对贫穷的劳动者群体,工资对家庭相对富裕的劳动者的刺激作用有所减弱。本书为捕捉房价对不同劳动者个体特征群体劳动供给的影响差异,采用截面门槛模型考察不同年龄、不同教育程度和不同收入水平等个体特征的劳动者群体对房价上涨所做出的劳动供给反应是否存在显著差异。当存在"门槛效应"时,根据个体特征变量的门槛值对样本进行分组,分别考察不同区间下的个体特征劳动者房价影响劳动供给的变化关系。

(一)门槛模型设定及变量定义

Hansen(2000)针对截面数据,给出检验截面数据门槛效应真实存在的验证方法,并推导出截面门槛回归的最小二乘估计量的近似分布。根据汉森的截面门槛回归方法,本书构建如下模型:

$$wktm_i = \alpha_0 + \alpha_1 mrise_i + \alpha_2 indiv_i + X\lambda + \varepsilon_i \quad indiv \leq \gamma \quad (5.13)$$

$$wktm_i = \beta_0 + \beta_1 mrise_i + \beta_2 indiv_i + X\lambda + \varepsilon_i \quad indiv > \gamma \quad (5.14)$$

式(5.13)和式(5.14)中,被解释变量 wktm 为劳动者每月工作小时数,等于从业人员每天工作小时数乘以每月工作天数。解释变量 mrise 为劳动者所在地级市房价近五年平均涨幅。如果采用相比上一年的房价涨幅,一些地方房价会出现负增长,有可能得出劳动者所在地房价已下跌的误判。采用近五年平均涨幅更能反映出当地真实的房价运行态势,并且还能将劳动者的房价预期效应考虑在内。为保证结果的可靠性,下文还会分别给出当年房价相比上一年涨幅和当年房价的绝对值作为解释变量进行稳健性检验。

indiv 为劳动者个体特征的门槛变量,根据数据特点和研究需要,本书主要研究劳动者年龄 age 和年均收入 incom 的门槛效应。X 为其他控制变量,包括:个体所在县经济增长 pgdp,等于人均 GDP 的对数;个人受教育程度 educa,等于个人受教育年限;性别 gender,男性为 1,女性为 0;家庭债务 debt,虚拟变量,无贷款为 0,否则为 1;职业类型 type,虚拟变量,在政府、事业单位、国有企业和集体企业工作为 0,否则为 1。

表 5-19　　　　　　　　　变量定义与描述性统计

变量	定义	均值	标准差	最小值	最大值
wktm	ln(工作小时数×每月工作天数)	5.294	0.308	1.099	6.174
mrise	房价五年平均涨幅	0.119	0.023	0.054	0.208
pgdp	ln(人均县域 GDP)	10.713	0.595	9.117	11.960
educa	受教育年限	10.103	3.367	0	22
age	年龄	38.707	11.073	16	69
gender	男性为 1;女性为 0	0.633	0.482	0	1
incom	ln(劳动者年均收入)	10.324	0.550	6.551	14.403
debt	无贷款为 0;否则为 1	0.161	0.368	0	1
type	个体、私营和外企为 1;否则为 0	0.746	0.435	0	1

本书微观数据来源于中国家庭收入调查 CHIPS2013,宏观数据来自于国研网统计数据库,并将二者按行政区划代码进行匹配。2013 年中国家庭收入调查主要分为城镇、农村和流动人口三大类型。样本筛选按照以下几个方式进行:一是剔除掉有缺失值的样本;二是删除异常值样本,如删掉教育、年龄、年均收入等取值为负数的样本。三是删除单个变量取值不合法、不合理的样本:删除年龄小于《劳动法》规定 16 周岁最低法定工作年龄的样本;删除年龄 70 岁以上的样本。样本劳动者年收入除于 12,再除以每月工作小时数得出劳动者平均每小时工资数,如果低于该地区法定最低小时工资则该样本删除。四是变量多条件筛选,删除不合理的样本:删除 35 周岁以下,教育年限为零的样本;删除月工作小时低于 100,职业类型为 0 的样本等。最后共得到 21232 个有效样本。

门槛效应模型第一步是求解门限变量的估计值 γ。根据相应的门槛估计值可以将样本分为两区间（two regimes）、三区间，甚至更多，进而采用最小二乘估计求出其他回归参数的估计值。门槛回归模型显著性检验采用 LM 检验法，其优点是在截面数据存在异方差的情况下也能获得一致性估计。由于 LM 统计量并不服从标准 χ^2 分布，汉森（Hansan，2000）提出采用自举法（bootstrap）获得渐进分布，求出不存在门槛值原假设的检验 P 值。当确定指定变量存在"门槛效应"时，还需要采用似然比统计量（LR）检验在 95% 置信水平下门槛估计值的原假设：$\gamma = \gamma_0$，求出门槛变量个数。

表 5-20 依照门槛值的区间划分

门槛变量：age			门槛变量：educa			门槛变量：incom		
分组	组间特征	样本量	分组	组间特征	样本量	分组	组间特征	样本量
1	age<34	7520	1	educa<7	2586	1	incom<9.798	2376
2	34≤age<43	5275	2	7≤educa<9	3901	2	9.798≤incom<10.309	7162
3	43≤age<50	4618	3	9≤educa<11	6142	3	10.309≤incom	11647
4	50≤age	3772	4	11≤educa<13	4225			
			5	13≤educa	4331			

（二）回归结果及分析

依照上述检验方法，可以得出门槛变量 age、educa 和 incom 的检验结果，见表 5-20。以劳动者年龄作为门槛变量检验得出 34 岁、43 岁和 50 岁三个门槛有效估计值，从而将样本量分为四组，各组回归结果见表 5-21 左侧。回归结果显示，组 2 和组 3 房价上涨的回归系数为负并通过 1% 显著性检验，在大于等于 34 岁和小于 50 岁的劳动者群体中，房价上涨显著减少劳动时间供给。回归结果表明，作为劳动力市场的主力群体，房价上涨产生的财富效应、示范效应、斜杠效应和塞里格曼效应等负向效应起着主导作用。具体而言，在该年龄区间拥有多套房产的劳动者从一套商品房的房产增值所获收益可能是其大半辈子劳动所得，房价上涨的财富效应会增加休闲、消费对劳动供给的替代。房价上涨不仅会通过财富效应减少劳动供给，而且还会对劳动者心理产生重要影响。当劳动者发现从房价暴涨中投机所获收益远远高于辛辛苦苦劳动所得时，劳动投入与所获报酬会产生心理失衡，导致劳动的机会成本高于劳动所得，劳动者会更专注于炒房等投机活动,而减少劳动供给。对该年龄区间缺乏购买力而有购房需求的劳动者群体而言,劳动供给曲线已经越过房价收入比的临界点,房价收入比的持续扩大会使购房的希望更加渺茫,对劳动供给产生制约效应的塞里格曼效应和示范效应超过了增加劳动供给的房奴效应。门槛变量为年龄的回归结果还显示,房价上涨的回归系数在组 1 和组 4 中没有通过显著性检验,表明在年龄小于 34 岁和大于等于 50 岁的劳动群体中,房价上涨对劳动供给的影响并不明显。这可能是由于年龄过小的劳动者群体和年龄过大的劳动者群体都不是购房的主要群体:年龄过小的劳动者主要是跟父母生活在一起,还未感受到来自住房的生活压力;年龄过大的劳动者早已经历为住房而奔波的阶段,50 岁以上的劳动者大多数已有自己的固定住所,他们可能更多考虑的是为即将到来的退休而积蓄养老经费。这与已有学者研究的结论不同,吴伟平(2016)认为房价持续上涨会驱使已退出劳动力市场的部分家庭的父母为资助子女购房而增加劳动供给,这一论断并没有得到本书的经验数据支持。

表 5-21   门槛回归结果

	门槛变量:age			
	组 1	组 2	组 3	组 4
mrise	-0.218 (0.141)	-0.804*** (0.167)	-0.545*** (0.194)	-0.313 (0.210)
pgdp	-0.017*** (0.006)	-0.020*** (0.008)	8.19E-05 (0.008)	-0.014* (0.008)
age	-0.002*** (0.001)	-0.003** (0.002)	-0.001 (0.002)	-0.007*** (0.001)
gender	-0.005 (0.005)	-0.003 (0.007)	-0.049*** (0.009)	0.022** (0.011)
educa	-0.015*** (0.001)	-0.014*** (0.001)	-0.015*** (0.002)	-0.014*** (0.002)
incom	0.110*** (0.008)	0.150*** (0.009)	0.216*** (0.008)	0.325*** (0.010)
debt	-0.001 (0.009)	-0.021** (0.010)	-0.003 (0.012)	-0.007 (0.014)
type	0.040*** (0.009)	0.073*** (0.010)	0.077*** (0.011)	0.076*** (0.012)
常数项	4.608*** (0.088)	4.269*** (0.113)	3.267*** (0.143)	2.505*** (0.130)
Joint R^2	0.161			

注:***、**、*分别表示显著性水平为 1%、5%和 10%,括号中为稳健标准误。

门槛变量为教育年限的门槛检验显示，教育年限分别为 7 年、9 年、11 年和 13 年的门槛估计值通过显著性检验，可以将样本分为四组，回归结果见表 5-22。房价上涨在组 2-4 中的回归系数显著为负，并且在组 4 中的回归系数绝对值最大，表明在受教育年限大于等于 7 年以上的劳动者群体中，房价上涨显著减少劳动时间供给，尤其是在教育年限大于等于 13 年的劳动者群体中，负向效应最为严重。教育年限在 13 年以上的劳动者是素质最高的劳动者群体，对信息获取和知识掌握最为敏锐，是创新、创业的主要群体，也是实现产业转型升级的主要人力资本。房价高涨对高素质劳动者群体劳动供给产生严重的负向效应，表明房价高涨对经济可持续增长的负向影响已不容忽视。

门槛变量为劳动者年均收入的门槛检验发现存在两个门槛估计值，分别为 9.798 和 10.309，对应劳动者年均收入 17997.71 元和 30001.42 元。回归结果（见表 5-22）显示，房价上涨在劳动者最低年均收入组和最高年均收入组中均显著抑制劳动时间供给，在年均收入中间组的影响并不显著。实证研究结果也证实了上文劳动者供给曲线的理论剖析：在收入最高的劳动者群体中，财富效应、示范效应和斜杠效应显著减少劳动时间供给；在收入最低的劳动者群体中，房价高涨使房价收入比已越过倒 U 形曲线的临界值，示范效应和塞里格曼效应将显著减少劳动时间供给；在收入处于中等的劳动者群体中，增加劳动供给的房奴效应和减少劳动供给的示范效应、斜杠效应相互抵消，导致房价高涨对劳动供给的影响并不显著。

本书同时将门槛变量，如年龄、教育程度、年均收入等个体特征作为控制变量纳入回归模型。综合各门槛模型控制变量的回归结果看：年龄对劳动供给的影响显著为负，年龄越大的劳动者劳动供给对房价上涨的反应更强烈；教育年限对劳动供给的影响也具有类似效应，教育程度越高的从业者劳动时间相对越少；劳动者年均收入对劳动时间的回归结果显著为正，工资水平与劳动时间投入成正比，工资收入越高的劳动者劳动时间越长，显示我国劳动供给还处于倒 C 形劳动供给曲线向右上方倾斜阶段，此时替代效应大于收入效应，工资率上升使闲暇的机会成本增大，劳动者会增加劳动时间供给；职业类别虚拟变量的回归系数显著为正，表明在民营、外资等非公有制企业中的工作者劳动时间更长。其他控制变量的回归结果也与实践经验基本一致，由于不是本书的讨论重点，在此不作展开论述。

表 5-22　　　　　　　　　　门槛回归结果

	门槛变量：educa					门槛变量：incom		
	组 1	组 2	组 3	组 4	组 5	组 1	组 2	组 3
mrise	-0.051 (0.229)	-0.392** (0.187)	-0.264* (0.147)	-0.623*** (0.198)	-0.265 (0.221)	-0.485** (0.212)	-0.117 (0.124)	-0.376** (0.167)
pgdp	-0.029*** (0.010)	-0.023*** (0.009)	-0.010 (0.006)	-0.019** (0.008)	-0.022*** (0.008)	-0.014 (0.010)	-0.009 (0.005)	-0.000 (0.004)
age	-0.002*** (0.001)	-0.004*** (0.000)	-0.004*** (0.000)	-0.003*** (0.000)	-0.002*** (0.001)	-0.003*** (0.000)	-0.002*** (0.000)	-0.002*** (0.000)
gender	-0.065*** (0.005)	-0.047*** (0.010)	-0.032*** (0.008)	0.007 (0.009)	0.019** (0.009)	-0.046*** (0.010)	-0.008 (0.006)	0.003 (0.005)
educa	-0.004 (0.004)	-0.031*** (0.011)	-0.015*** (0.002)	-0.025*** (0.010)	-0.013*** (0.004)	-0.001 (0.002)	-0.009*** (0.001)	-0.014*** (0.001)
incom	0.463*** (0.010)	0.280*** (0.009)	0.216*** (0.008)	0.101*** (0.009)	0.155*** (0.009)	1.104*** (0.015)	0.162*** (0.021)	0.016** (0.006)
debt	-0.043*** (0.015)	-0.003 (0.010)	-0.003 (0.012)	-0.004 (0.012)	0.004 (0.011)	0.020 (0.013)	0.001 (0.008)	0.004 (0.006)
type	-0.041* (0.022)	0.033** (0.013)	0.077*** (0.011)	0.074 (0.145)	0.046*** (0.009)	-0.059*** (0.015)	0.049*** (0.008)	0.086*** (0.006)
常数项	1.070*** (0.142)	2.216*** (0.150)	3.267*** (0.143)	4.859*** (0.145)	5.445*** (0.104)	-5.040*** (0.182)	3.933*** (0.218)	5.360*** (0.071)
Joint R^2	0.201					0.348		

注：***、**、*分别表示显著性水平为1%、5%和10%，括号中为稳健标准误。

本书进一步采用分位数回归（Quantile Regression，QR）考察房价上涨对劳动时间影响的分布状况。Koenker 和 Basett（1978）提出的"分位数回归"是对 OLS 的扩展，对模型随机干扰项非正态分布和异常值具有耐抗性，可以全面反映条件分布全貌等优点。表 5-23 给出 10%、25%、50%、75%和90%分位数回归结果。结果显示：在各分位点上，房价上涨均对劳动时间供给产生显著的负向影响；这种负向效应在 10%分位点上影响最大。该结果表明，房价上涨对劳动时间在 10%分位点以内劳动者群体影响最大。

为什么房价上涨对此类劳动者群体劳动供给影响最大呢？对被解释变量 wktm 小于或等于10%分位点的2763个劳动者样本统计发现，年龄均值为 43.1 岁、年收入均值为 27047.05 元、教育年限均值 8.93 年，全样本对应的劳动者特征均值分别为 38.71 岁、36011 元、10.10 年。可见，工作时间最短区间的劳动者群体具有年龄偏大、收入和文化水平偏低等特征，此类劳动者群体多从事于劳动密集型行业。房价高涨所导致的资源错配和产品需求不足对制造业企业绩效产生严重的负面影响，劳动密集型等制造业企业相应会减少产能，导致劳动者被动减少劳动供给。另外，工作时间最少的劳动者群体工作时间弹性和劳动参与弹性较大，房价上涨对劳动供给的负向影响最为严重。

表 5-23　　　　　　　　　　分位数回归结果

	QR				
	10%	25%	50%	75%	90%
mrise	-0.802*** (0.199)	-0.377*** (0.089)	-0.428*** (0.069)	-0.391*** (0.103)	-0.391*** (0.136)
pgdp	-0.017*** (0.005)	-0.015*** (0.002)	-0.005** (0.002)	-0.013*** (0.004)	-0.028** (0.006)
age	-0.008*** (0.0004)	-0.004*** (0.0002)	-0.002*** (0.0001)	-0.002*** (0.0002)	-0.001*** (0.0002)
gender	0.015** (0.001)	-0.004 (0.003)	-0.004 (0.004)	-0.001 (0.005)	-0.008* (0.003)
educa	-0.011*** (0.001)	-0.011*** (0.001)	-0.013*** (0.004)	-0.017*** (0.001)	-0.014*** (0.001)
incom	0.170*** (0.010)	0.090*** (0.004)	0.075*** (0.004)	0.110*** (0.006)	0.142*** (0.007)
debt	-0.031*** (0.008)	-0.008* (0.004)	0.001 (0.004)	0.006 (0.008)	0.007 (0.009)
type	-0.031*** (0.005)	0.025*** (0.003)	0.107*** (0.004)	0.116*** (0.005)	0.124*** (0.007)
常数项	3.991*** (0.070)	4.692*** (0.042)	4.778*** (0.051)	4.641*** (0.074)	4.555*** (0.085)
样本量	21185				
R²	0.077	0.021	0.075	0.063	0.089

注：***、**、*分别表示显著性水平为1%、5%和10%，括号中为稳健标准误。

三　稳健性检验

为检验回归结果的可靠性，本书分别采用多种方法检验回归结果的稳健性。

（一）考虑反向因果影响

劳动供给时间可能也存在影响房价上涨的机制和途径。一般而言，劳动力供给时间较长的地区一般是生活节奏和工作压力较大的经济发达地区，其房价相对也会较高。另外，劳动时间较长的地区是人口流入地和聚集地，旺盛的住房需求也会进一步推高房价。有鉴于此，构建计量模型时需要考虑到劳动时间供给对房价的反向因果作用。

本书先采用 OLS 估计，采用怀特异方差修正获得稳健标准误，结果见表 5-24。结果表明，房价上涨对劳动时间具有负向影响，并通过 1% 的显著性检验。为了控制模型可能存在的内生性问题，本书采取两阶段最小二乘估计（2SLS），并使用稳健标准误控制异方差的存在。工具变量参照张莉等（2017）的做法，选取财政分权程度和住宅用地供给面积作为房价上涨的工具变量。财政分权是房价上涨的制度根源，住宅用地供给面积是决定房价的供给数量。其中，财政分权程度等于地级市本级预算内财政收入除以全国财政预算内收入。二者数据分别来自《中国城市统计年鉴》和《中国国土资源统计年鉴》。工具变量有效性检验显示：在第一阶段回归中两个工具变量的回归系数均在 1% 水平下显著，并通过联合显著性 F 检验，名义显著性水平检验中稳健标准误拟合后最小特征值统计量为 773.60，明显大于 10% 的临界值 19.93，即可拒绝弱工具变量的原假设。另外，工具变量过度识别检验结果接受工具变量均为外生的原假设。在此基础上，采用 2SLS 估计结果见表 5-24，各回归系数的符号与基础模型基本一致，核心解释变量 mrise 在 1% 的显著性水平上通过检验，表明基础回归结果具有稳健性。

表 5-24　　　　　　　　　稳健性检验

	OLS	2SLS	解释变量再造	
			price	rise
mrise	-0.519*** (0.093)	-4.829*** (0.339)	-0.080*** (0.006)	-0.016* (0.014)
控制变量	控制	控制	控制	控制
常数项	3.733*** (0.072)	4.252*** (0.079)	3.254*** (0.081)	4.652*** (0.050)
样本量	21185	21185	21185	21185
R^2	0.137		0.143	0.079

注：***、**、* 分别表示显著性水平为 1%、5% 和 10%，括号中为稳健标准误。

（二）重构解释变量指标

本书采用两种方法重构解释变量：一是采用当年地区实际房价绝对值

price 替代地区房价涨幅比值 mrise 作为解释变量进行检验，回归系数显著为负；二是采用当年相比上一年房价涨幅 rise 作为房价上涨指标，回归系数符号没有发生改变，并通过 10% 的显著性检验。

（三）刻画条件分布全貌

上文中，分位数回归可以全面反映条件分布全貌。在不同分位点上，房价上涨对劳动时间均具有显著的负向影响，也直接证明基础回归结果的稳健性。

四 模型扩展

（一）类型差异

CHIPS2013 调查数据分为城镇、农村和流动人口三种，这为本书研究房价上涨对不同类型劳动者群体劳动时间供给的影响提供了数据支持。从回归结果（见表 5-25）可以看出，房价上涨对城镇、农村和流动人口劳动者群体劳动时间供给均具有显著的负向影响，尤其是对流动人口劳动者群体影响最大。

流动人口劳动者群体多在经济发达地区从事工作环境较为恶劣的体力劳动，流动人口房屋所在地和就业地分离、就业地相对较高的工资报酬大幅减缓劳动者房贷约束，导致房价上涨的房奴效应减弱，而财富效应增加。另外，就业地落户门槛限制导致流动人口劳动者归属感缺乏，会进一步减少工作热情和满意度，挫伤工作积极性。

表 5-25　　　　　　　　类型、地区差异回归结果

	类型差异			地区差异	
	城镇	农村	流动人口	沿海	内地
mrise	-0.429*** (0.149)	-0.350*** (0.005)	-0.870** (0.388)	-1.517*** (0.173)	-0.049 (0.110)
控制变量	控制	控制	控制	控制	控制
常数项	5.041*** (0.075)	2.613*** (0.115)	3.838*** (0.375)	4.174*** (0.098)	3.266*** (0.116)
样本量	8429	11712	1044	9773	11412
R^2	0.072	0.203	0.243	0.129	0.160

注：***、**、* 分别表示显著性水平为 1%、5% 和 10%，括号中为稳健标准误。

(二) 地区差异

本书进一步将样本数据按地区划分为沿海和内地两组。从回归结果看，在沿海地区，房价上涨对劳动时间的影响显著为负，而在内陆地区，影响则不明显。

沿海地区是产业聚集和人口净流入区，房价上涨幅度和房产财富溢价远高于内陆地区。由此，房价上涨带来的财富增值所产生的资源配置扭曲效应自然是最显著的。相比沿海地区，内陆地区房价涨幅要小，对劳动供给产生的负向影响相对就不是那么明显。

五　小结

近些年来，房价上涨成为社会各界关注的焦点。房价过快上涨抑制产业结构调整和技术创新，延缓经济转型，这些已经得到学者和政策制定者的极大关注。房价上涨不仅对实体经济造成越来越严重的负面影响，而且会侵蚀社会劳动者对工匠精神的传承与发扬。由于商品房具有投资品和生活必需品的双重属性，社会劳动者无论是否愿意，都将会卷入到房地产市场中。房价上涨除了会通过经济系统的产业链价格传导、生产要素流动等途径对劳动供给产生间接影响后，还会通过房奴效应、财富效应、示范效应、斜杠效应和塞里格曼效应等正负两种效应影响有房劳动者和无房劳动者劳动时间供给。本书采用截面门限研究发现，房价上涨显著减少劳动者的工作时间，尤其是对具有三类个体特征的劳动者群体影响显著：年龄在34—50岁劳动者群体；教育年限在13年以上的劳动者群体；年均收入低于17997.71元或高于30001.42元的劳动者群体。由此可见，房价上涨对适龄劳动力主力群体、高学历劳动者群体和年均收入较低或较高的劳动者群体劳动时间供给的负向影响程度最大。本书进一步采用分位数模型研究发现，房价上涨对劳动时间在分位点10%的劳动者群体的负面效应最大，此类劳动者群体工作时间弹性和劳动参与弹性较大，房价上涨通过减少劳动者群体所从事的劳动密集型企业绩效和产能，从而使劳动者被动减少劳动时间供给。房价上涨对劳动供给的负向影响在不同类型和地区劳动者群体中也存在显著差异：在城镇人口、农村人口和流动人口劳动者群体中，房价上涨对流动人口劳动者群体劳动时间供给负向影响程度最深；房价上涨对沿海地区劳动者劳动时间供给的影响显著为负，而在内陆地区影响则不显著。与内陆地区相比，沿海地区房价上涨幅度和房产增值溢价远高于内陆地区，对资源配置的扭曲效应是最显著的。

第五节　地方政府土地开发行为模式与能源消费

一　影响机制及研究假说

地方政府土地财政的依赖就是通过积极土地开发获得尽可能多的土地出让收益和与房地产业紧密关联的其他税收收入。已有研究成果表明，地方政府为获取土地出让收益的土地开发行为模式可以有效促进经济增长（李学文、卢新海，2012）。20世纪90年代末，伴随着住房商品化改革和城镇化的兴起，地方政府逐渐意识到国有土地的征用与出让收益丰厚。并且，土地出让金作为预算外收入，具有极高的"自由裁量"权。地方政府行使行政权力征收农业用地，然后通过"招、拍、挂"等形式在二级市场出售，将获得的丰厚土地出让收益投向基础设施建设。在地方政府土地开发的行为逻辑中，辖区基础设施的完善可以进一步改进待出让地的自然区位条件，地方政府可以从"招、拍、挂"的商业土地出让模式中以更高的价格出售土地，从而获得更大的土地出让收益。最为重要的是，基础设施的迅速改善是短时期最容易被外界所感知的辖区进步与现代化成就，是任期内地方领导追求政绩"立竿见影"的最佳选择。基础设施投资建设推动地区经济规模迅速增长，也使得地方领导官员在"晋升锦标赛"中获得更大的晋升机会。因此，地方政府具有通过土地开发获得土地出让收益的内在激励。周飞舟（2006）的研究也表明，地方政府土地开发、基础设施建设热情高涨的重要动力就是来自于推动经济增长。

根据以上理论分析，地方政府土地开发行为可以迅速推动地区经济增长（能源消费强度的分母），在能源消费总量（分子）大体保持不变或增长幅度小于GDP的情况下，土地开发行为就可以减少能源消费强度。根据《中国统计年鉴》相关数据，1997年以来，我国单位GDP能耗不断减少。以1990年可比价格计算，我国能源消费强度从1997年的3.40吨标准煤/万元降低至2012年的2.25吨标准煤/万元。除2003年、2004年外，能源消费增长速度一直低于GDP增速（见图5-16）。基于以上分析，本节提出理论假说1：

理论假说1：地方政府土地开发行为有助于减少我国能源消费强度。

图 5-16 能源消费演进趋势

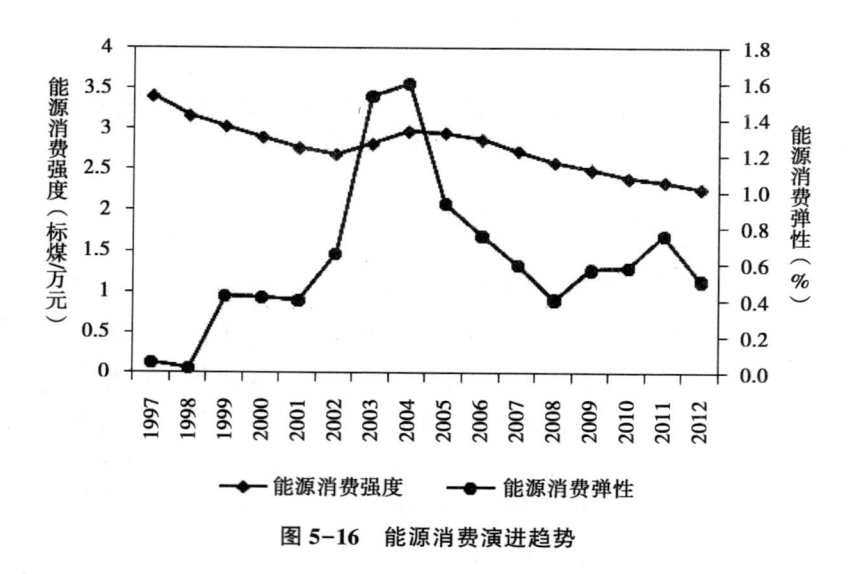

地方政府土地开发行为虽然可以在短时间内促进经济增长，但这种增长动力负作用大、后劲不足。已有的理论研究和实践均证实，土地开发对经济增长的促进作用难以持续，地方政府土地开发行为对经济增长的作用呈先增大后减弱的倒 U 形关系。在土地开发行为对能源消费总量影响稳定的情况下，土地开发行为对能源消费强度的影响必然呈现非线性，由此可以得到理论假说 2。

理论假说 2：地方政府土地开发行为对能源消费强度的影响趋势呈先抑制后促进的正 U 形关系。

地方政府土地开发行为推动房地产业的繁荣，房地产业的扩张必然伴随着房地产业及关联行业产能的扩大，其能源消费数量也会增大。房地产业过度繁荣通过正负两个途径对能源消费产生影响：房地产业的高额利润吸引社会存量资本和增量资本进入房地产业，在过去十余年里，很多有实力的大型制造业企业也纷纷涉足这个技术含量低的资金密集型行业；另一方面，房地产业相对于制造业的高额利润，对银行的借贷成本——利率的弹性远小于制造业企业，从而拉高了企业融资成本，这对制造业构成了严重打击。制造业萎缩，就会减少能源消费总量。地方政府土地开发行为对能源消费总量的影响取决于两种影响途径正负力量权衡。

依照地方政府土地开发行为对能源消费的影响机制（图 5-17），本节进一步推知：在地方政府土地开发行为可以有效促进经济增长的前提下，地方政府土地开发行为减少能源消费强度存在二选一的两种影响途径。

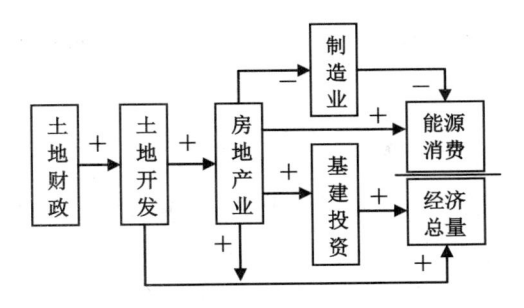

图 5-17 土地开发行为对能源消费的影响机制

途径一：地方政府土地开发行为可以同时对地区生产总值和能源消费总量产生同向影响，但后者斜率绝对值要小于前者。

或者，

途径二：地方政府土地开发行为对地区经济和能源消费的影响不一致，土地开发行为对经济增长具有促进效应，但对能源消费总量具有抑制效应。

二　模型与变量

（一）计量模型

为了验证上文提出的研究假说，证实地方政府土地开发行为对能源消费强度的影响机制，根据上文的理论分析，本节构建如下能源消费计量模型：

$$enco_{it} = \alpha_0 + \alpha_1 \cdot reve_{it} + X_{it}\beta + \omega_i + \mu_t + \varepsilon_{it} \quad (5.15)$$

式（5.15）中，被解释变量 $enco_{it}$ 为能源消费，分别表示能源消费强度 $inte_{it}$ 和能源消费总量 $cons_{it}$。本书的核心解释变量 $reve_{it}$ 为土地开发行为，采用土地财政占比作为代理变量。本书引入系列控制变量 X_{it}，包括产业结构 $indu_{it}$、研发支出占比 rd_{it}、城镇化水平 $urba_{it}$、外商投资依存度 fdi_{it}、经济发展水平 $pgdp_{it}$。ω_i 和 μ_t 分别为控制的个体固定效应和时间固定效应。

考虑到能源消费具有很强的历史惯性和路径依赖，本书在解释变量中引入能源消费的滞后一期。构建系统 GMM 动态面板模型如下：

$$enco_{it} = \alpha_0 + \alpha_1 \cdot enco_{it-1} + \alpha_2 \cdot reve_{it} + X_{it}\beta + \omega_i + \mu_t + \varepsilon_{it} \quad (5.16)$$

为刻画土地开发行为对能源消费的非线性影响，本书在计量模型中引入自变量的二次项 resq，系统 GMM 动态面板模型可以写为：

$$enco_{it} = \alpha_0 + \alpha_1 \cdot enco_{it-1} + \alpha_2 \cdot reve_{it} + \alpha_3 \cdot resq_{it} + X_{it}\beta + \omega_i + \mu_t + \varepsilon_{it}$$

(5.17)

(二) 变量介绍

被解释变量：能源消费分别指代能源消费强度和能源消费总量。能源消费强度等于能源消费总量除以地区生产总值；能源消费总量采用能源消费总量的对数衡量。核心解释变量：地方政府土地财政等于土地出让金除以地区财政收入。

控制变量：产业结构采用第二产业增加值占地区生产总值的比重衡量；研发水平等于地区研究与实验发展经费除以地区生产总值；城镇化水平等于城镇人数除以地区总人数；外资依存度等于外商直接投资额除以地区生产总值；经济发展水平用地区生产总值除以地区总人数衡量。

表 5-26　　　　　　　　变量的相关系数和描述性统计

	inte	cons	reve	indu	rd	urba	fdi	pgdp
inte	1							
cons	−0.293[a]	1						
reve	−0.327[a]	0.396[a]	1					
indu	−0.005[d]	0.624[a]	0.308[a]	1				
rd	−0.330[a]	0.217[a]	0.230[a]	−0.081[b]	1			
urba	−0.289[a]	0.261[a]	0.283[a]	0.181[a]	0.671[a]	1		
fdi	−0.415[a]	−0.108[a]	0.104[c]	0.053[d]	0.190[a]	0.402[a]	1	
pgdp	−0.452[a]	0.453[a]	0.415[a]	0.272[a]	0.614[a]	0.825[a]	0.324[a]	1
最大值	14.881	10.569	1.705	0.601	0.068	0.893	0.165	
最小值	1.645	5.966	0.004	0.197	0.001	0.172	0.001	
均值	4.690	8.769	0.330	0.454	0.011	0.444	0.030	
标准差	2.570	0.825	0.285	0.079	0.001	0.158	0.028	

注：a、b、c 分别表示在 1%、5% 或 10% 水平下显著，d 表示不显著。

本节统计的 1997—2012 年 30 个省区数据主要来自历年《中国统计年鉴》、《新中国六十年统计资料汇编》、《中国国土资源统计年鉴》、《中国能源统计年鉴》等，由于西藏数据不全，将其剔除。从表 5-26 上半部分各变量的相关系数可以看出，经济发展水平与其他解释变量高度相关，相关系数的绝对值最高达到 0.825，为避免多重共线性，下文中将其剔除。本节其他回归变量的描述性统计见表 5-26 的下半部分。

各省区历年土地财政分别与能源消费强度和能源消费总量的散点图描绘在图 5-18 和图 5-19 上，结合表 5-26 报告的相关系数，可以初步看到，土地财政与能源消费强度呈负相关，与能源消费总量呈正相关。这种简单的相关分析可能包含了影响能源消费其他众多因素的共同作用，据此将二者归因于存在因果关系还较为武断。下文将通过严谨的计量模型，得出更为精确的结论。

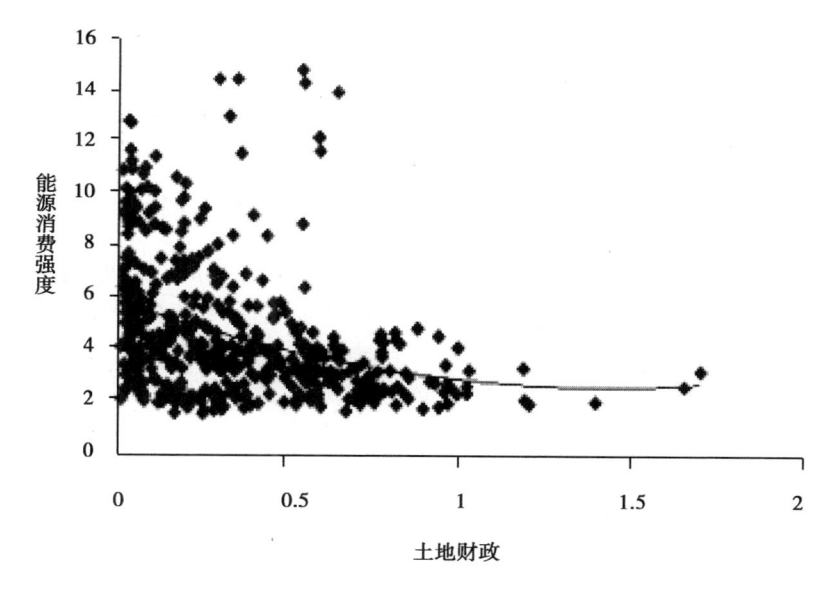

图 5-18 土地财政与能源消费强度

三 计量结果分析

在对模型进行估计时，为克服异方差对估计结果的干扰，本书采用稳健回归对其参数的标准误进行修正。此外，在回归方程中加入省区固定效应和年份固定效应哑变量，以控制不可观测因素对计量模型的影响。地方政府土地开发行为对能源消费强度的回归见表 5-27 第 1 列至第 3 列，对能源消费总量的回归结果见表 5-28 第 1 列至第 3 列。表 5-27 和表 5-28 第 2 列、第 3 列为系统 GMM 估计结果，模型残差序列相关检验结果显示

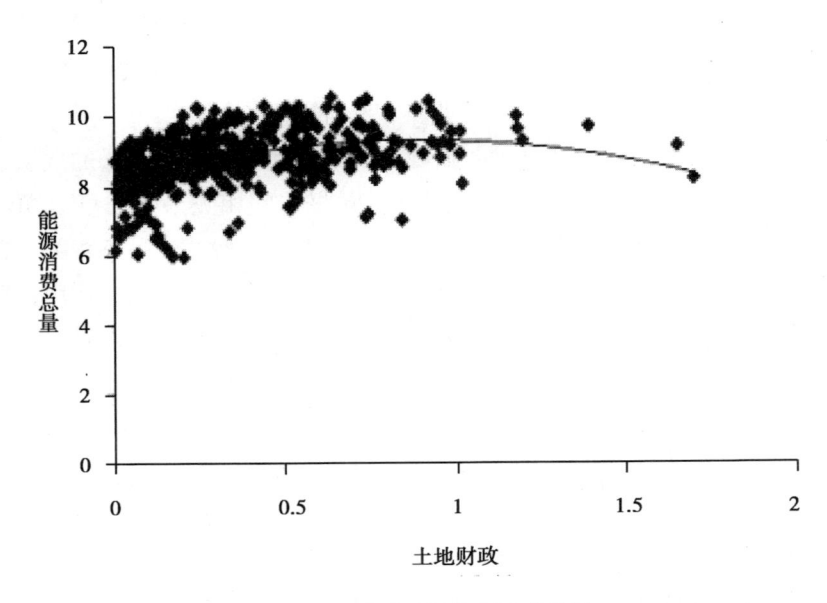

图 5-19 土地财政与能源消费总量

一阶差分残差 AR（1）自相关显著，二阶水平残差自相关 AR（2）不显著，估计结果有效。Hansen 工具变量过度识别检验不能拒绝工具变量整体有效的原假设，表明工具变量设定是有效的。

表 5-27　　　　　　　　被解释变量 inte 回归结果

	FE	SYS-GMM		
reve/rees	-0.494*** (0.184)	-0.488** (0.238)	-1.290** (0.644)	-1.022** (0.557)
resq			0.551* (0.308)	
indu	-2.166** (0.987)	0.681 (0.475)	1.055 (1.023)	0.277 (0.392)
rd	-85.904*** (13.849)	-16.303* (9.403)	-16.143** (8.218)	-15.522 (14.983)
urba	1.736*** (0.659)	0.120 (0.335)	0.047 (0.436)	0.478 (0.695)
fdi	4.071* (2.507)	-8.444 (5.303)	-10.082* (6.277)	-10.340 (9.040)

续表

	FE	SYS-GMM		
被解释变量一阶滞后		0.722*** (0.137)	0.633*** (0.179)	0.691*** (0.180)
常数项	5.862*** (0.382)	1.208** (0.574)	1.646** (0.751)	1.354** (0.717)
年份		控制	控制	控制
省区	控制	控制	控制	控制
N	480	480	480	480
AR（1）		-2.11***	-2.09**	-2.38**
AR（2）		-0.23	-0.3	-0.15
R^2/Hansen	R^2 = 0.205	χ^2 = 1.28	χ^2 = 6.20	χ^2 = 3.29

注：***、**和*分别在1%、5%和10%水平下显著。

（一）能源消费强度

表5-27第2列与第1列的回归结果比较发现，在解释变量中引入被解释变量滞后一期后，土地财政系数的绝对值减小，回归系数在5%的显著性水平通过检验。表明在控制影响能源消费强度的其他诸多因素以后，地方政府土地财政扩张会显著制约地区能源消费强度。由此证实了上文提出的理论假说1。

表5-27第3列将土地财政的二次项引入模型，回归结果显示，地方政府土地财政对能源消费强度的影响在5%的显著性水平下为负，其二次方项的影响在10%的显著性水平下为正，表明土地财政达到某一临界值后，土地财政对能源消费强度的影响由负转正，呈正U形关系。由此证实了上文提出的理论假说2。

（二）能源消费总量

根据上文的理论分析，只有厘清地方政府土地财政对能源消费总量的影响，才能确定地方政府土地开发行为对能源消费强度的影响机制。从表5-28第1列和第2列的回归结果可以看到，地方政府土地财政扩张会显著增加能源消费。之所以地方政府土地财政扩张能够在增加能源消费总量的情况下，减少能源消费强度，是因为土地财政扩张对经济增长的促进效应大于对能源消费总量的刺激作用。由此可以证实，地方政府土地开发行为可以减少能源消费强度是通过途径一实现的。

表 5-28　被解释变量 cons 回归结果

	FE	SYS-GMM		
reve/rees	0.306*** (0.046)	0.029*** (0.003)	0.314** (0.132)	0.363* (0.253)
resq			−0.173** (0.078)	
indu	4.014*** (0.245)	1.294 (1.207)	2.832** (1.496)	1.046* (0.631)
rd	36.215*** (3.439)	9.992 (13.764)	10.088 (6.965)	1.244 (3.145)
urba	1.202*** (0.164)	−0.353 (0.508)	−0.107 (0.247)	−0.109 (0.148)
fdi	−2.881*** (0.623)	−0.371 (0.465)	−2.430* (1.550)	−0.707 (0.773)
被解释变量一阶滞后		0.808*** (0.162)	0.487** (0.235)	0.815*** (0.126)
常数项	6.011*** (0.095)	1.262 (0.994)	3.347** (1.433)	1.257 (0.889)
年份		控制	控制	控制
省区	控制	控制	控制	控制
N	480	480	480	480
AR（1）		−2.33***	−2.17**	−2.52**
AR（2）		1.55	1.42	1.38
R^2/Hansen	R^2 = 0.830	χ^2 = 10.78	χ^2 = 1.43	χ^2 = 3.02

注：***、**和*分别在1%、5%和10%水平下显著。

表 5-28 第 3 列回归结果显示，地方政府土地财政对能源消费总量的一次项系数显著为正，其二次项系数显著为负，表明土地财政对能源消费的刺激效应超过某一临界值后由正转为负，呈倒 U 形关系。

综合以上研究结论，地方政府土地开发行为对能源消费总量和地区生产总值均呈倒 U 形关系，而对能源消费强度呈正 U 形关系。可以得出，土地开发行为对能源消费总量的曲线坡度相对于能源消费总量曲线要陡峭，即土地开发行为对地区生产总值的斜率绝对值大于能源消费总量的绝对值，进一步证实地方政府土地开发行为是通过途径一影响能源消费强度。

四 稳健性检验

(一) 核心解释变量重新构造

根据上文的理论逻辑分析,本书直接把土地开发作为变量引入模型。土地开发变量的构造采用房地产开发投资与全社会固定资产投资总额的比值衡量。地方政府土地开发对能源消费强度和能源消费总量的回归结果分别见表5-27第4列和表5-28第4列。可以看出,更换了核心解释变量的回归结果与基准模型基本一致,回归结果具有高度稳健性,同时也表明本书揭示的地方政府土地财政扩张影响能源消费的传导机制在实践中得到验证。

(二) 多种计量模型估计

本书采用固定效应计量模型和动态面板系统GMM模型相互验证,保证回归结果不因计量方法的不同出现偏差,使得本书结论具有可靠性。

五 小结

本节在理论剖析土地财政扩张对能源消费的影响机制基础上,采用动态面板系统GMM计量模型进行实证检验。研究结果表明,地方政府土地开发行为可以大幅降低能源消费强度,其影响机制和传导途径是地方政府土地开发行为引发的能源消费增长幅度低于对经济增长的刺激作用,从而使得地方政府土地开发行为降低单位GDP能耗,即能源消费强度。

土地财政与能源消费强度呈正U形关系,与能源消费总量呈倒U形关系,显示土地财政扩张或者说是土地开发行为抑制能源消费强度不具有可持续性。从现实来看,随着土地财政扩张相伴生的经济增长模式不仅导致实体经济萎缩,而且产生的庞大地方政府债务成为金融风险防范与化解的主要对象。地方政府土地开发行为模式对全要素生产率、产业结构和工业企业绩效均具有显著的负面效应,地方政府依靠土地财政刺激经济增长难以为继。因此,地方政府土地开发行为抑制能源消费强度是难以持续的。

目前,地方政府土地财政偏好极大滞阻了产业结构调整,使生产要素在利润最大化的诱导下流向房地产市场,资源配置严重扭曲,这种无效配置消耗了大量能源。为缓解土地开发行为导致的能源浪费，需硬化能源消费强度和能源消费总量"双控"考核。想要根除这种负面效应，须健全预算约束和官员绩效考核体系，扭转地方政府土地财政内在激励和偏好，改变当前地方政府土地开发行为模式。

第六章　供给侧结构性改革下的地方政府职能转变

第一节　"供给侧结构性改革"的提出

一　供给侧结构性改革的现实背景

2015年11月10日，习近平总书记在中央财经领导小组第十一次会议上首次提出"供给侧改革"。此后在2016年中央财经领导小组第十二次会议和2017年十九大报告中，"供给侧改革"成为中央政府深化经济体制改革、实现转型升级的重要举措。"供给侧改革"强调"在适度扩大总需求的同时，着力加强供给侧结构性改革，着力提高供给体系质量和效率，增强经济持续增长动力"。

中央提出的"供给侧改革"是基于我国经济发展现实所做出的战略调整。长期以来，我国宏观经济管理是以需求管理为主（莫恭明，2016）。在计划经济时期，政府对企业实行国有经营，用计划手段调配人力、物力和财力，将资源优先发展重工业等重点领域。由于计划经济生产力低下和产品供给不足，政府采用统购统销实现产品供需平衡。在这段时期，生产、分配和消费几乎全部都依赖于指令性计划。在需求侧，政府发放各种商品票证采取有计划的分配，以达到限制需求和供给短缺相平衡。

自1978年开始的经济体制改革，计划经济开始向社会主义市场经济转变。市场的作用不断凸显，从"计划经济为主，市场调节为辅"过渡为发挥市场资源配置的"基础性作用"，到现在使市场在资源配置中起"决定性"作用。随着生产力的提升和商品市场繁荣，制约经济增长的瓶颈转变成有效需求不足。如何通过宏观经济政策刺激投资、消费、出口提升需求推动经济增长，成为宏观经济管理的主要政策取向。长期以来，我国经济增长对政府投资的依赖程度最大。在需求侧管理的三驾马车中，由于消费缺乏抓手，出口带动力小，很多地方政府把抓经济简化为抓投资（莫恭明，2006）。尤其是在1998年和2008年国际金融危机期间，为应对周期性问题带来的总需求疲软，我国需求管理政策力度进一步加大。从2008年到2010年底，我国出台应对国际金融危机的一揽子计划，投资达4万亿元。虽然大规模投资对于稳定当时经济增长起到很大作用，但随后产能过剩、资产价格上涨、生态环境恶化等一系列问题开始显现，我国由此进入增长速度换挡期、结构调整阵痛期和前期刺激政策消化期三期叠加时期，经济发展的周期性问题与结构性矛盾相互交织。社会发展的主要矛盾由"人民日益增长的物质文化需要与落后的社会生产之间的矛盾"转化为"人民日益增长的美好生活需要和不平衡不充分的发展之间的矛盾"。宏观调控面临的问题已由此前的需求不足转变为低端供给过剩与高端供给不足的供需结构失衡，面临陷入"中等收入陷阱"的风险。

二　供给侧结构性改革的理论基础

古典经济学认为，市场这个"无形之手"总能够自动达到市场出清，"供给能够创造其本身的需求"，萨伊定律认为，局部供求的不一致可以通过价格机制进行调节达到均衡。20世纪20年代末至30年代初世界经济危机动摇使传统经济理论受到挑战，1936年，凯恩斯的《就业、利息与货币通论》正式发表，凯恩斯认为，需求减少是经济衰退的主要原因，国家需要采用扩张的经济政策刺激有效需求不足，维持经济增长，凯恩斯的经济理论在应对经济危机和缓解失业中起到了重要作用，随后凯恩斯理论经其追随者拓展，逐步形成了凯恩斯主义宏观经济学理论，迅速取代传统经济学。二战以后二十多年间，主要资本主义国家根据凯恩斯主义制定宏观经济政策取得了不错成效，于是凯恩斯主义盛极一时。

到70年代，资本主义经济出现了凯恩斯主义难以解释的经济停滞与通货膨胀并存的"滞胀"现象，供给学派重新回到学者视野（周燕，2017）。供给学派的理论来源可以追溯到萨伊定律，需求会自动适应供给的变化。供给学派认为：经济危机的根源并不是有效需求不足，而是在于生产力低下，供给不足；企业积极性和创新精神的发挥需要自由竞争的环境，政府不应过多干预。著名的供给理论"拉弗曲线"进一步认为，政府可以通过减税刺激经济增长。国内供给学派代表人物张五常教授基于传统萨伊定律,将交易费用纳入到经济增长分析框架中,认为经济改革的重点不是降税,而是降低交易费用。由此可见,西方供给学派反对政府干预,但学说没有建立一个严密的理论体系。

虽然马克思主义理论没有直接谈及供给侧,但从马克思主义政治经济学的经典论述可以推知关于供给侧结构性改革的论述。按照马克思主义的社会再生产理论,社会大生产的顺利再循环需要生产资料和生活资料两大部类保持生产平衡,如果两大部类之间的平衡被打破,部门内部的循环生产就会中断导致产能过剩等经济问题。当前我国正在进行的供给侧结构性改革与西方供给学派虽然都主张从供给侧入手解决经济问题,但其理论渊源与政策主张完全不同:我国供给侧结构性改革是在国际市场需求急剧萎缩,国内人口老龄化不断提升导致生产成本快速上涨,传统产业增长动力衰减,新兴产业增长动力尚未有效聚积的大背景下提出,与西方供给学派产生于 20 世纪七八十年代"滞胀"的大背景不同。我国供给侧结构性改革主张供给管理与需求管理并重,货币政策与财政政策并举,着力从供给端"去产能、去库存、去杠杆、降成本、补短板",提高供给结构对需求变化的适应性和灵活性。西方供给学派认为供给是经济增长的唯一源泉,主张减税刺激投资和劳动,推动经济增长。虽然我国进行的供给侧结构性改革与西方供给学派都强调了经济体系中供给侧的重要作用,名称比较接近,但与反对政府干预、强调供给是唯一增长源泉的供给学派有着本质区别。我国供给侧结构性改革是在借鉴包括凯恩斯主义、供给学派在内的西方经济学理论基础上的扬弃,是对马克思主义政治经济学的继承和发展。

第二节 供给侧结构性改革下地方政府职能定位

改革开放以来,我国一直奉行的是政府主导的赶超型发展战略。在改革开放初期,由于资本缺乏,依靠农工产品价格剪刀差实行不平等的城乡之间要素交换,支持重工业发展。随着改革开放的深入,市场在资源配置中的作用得到加强,但政府仍然在资源配置中发挥主导作用。政府主导型的经济增长模式主要依靠政府投资和出口拉动经济增长,其中过度投资是建立在抑制消费的基础上,通过出口消化过度投资带来的产能过剩问题。随着全球经济发展速度放缓和海外市场有效需求萎缩,"促进过剩产能有效化解"成为供给侧改革的重中之重(席鹏辉等,2017)。

供给侧结构性改革就是要着力校正以前政府过度干预而造成的资源错配，供给与需求不协调，以便更好发挥市场在资源配置中的决定性作用，其核心是处理好政府与市场的关系、中央政府与地方政府的关系（许经勇，2017），进而构建公平有序的市场竞争环境，激发市场主体活力。可见，供给侧结构性改革的主要对象是不合理的体制机制。

一　政府与市场

（一）政府与市场关系的演进

世界主要发达经济体的现代化进程中，虽然政治体制、发展模式各异，但高效、强有力的政府干预是推动经济起步、腾飞的重要力量。在这一过程中，政府与市场的关系并非一成不变。从二战以后的发展经验看，过度强调政府干预，忽视市场，通过价格扭曲资源配置优先推行重工业发展建立起的先进产业，政府对经济的直接干预与控制滋生的"寻租"空间会使企业将资源与精力主要放在如何对政治和行政机制做出反应，并且资源错配导致逆向激励，经济绩效趋差。到20世纪七八十年代，陷入极度困境的国家在美国倡导的新自由主义的"华盛顿共识"完全摒弃政府的作用，推行私有化、自由化、市场化的休克疗法最终也使得经济濒于崩溃（林毅夫，2013），发展中国家仅将改革视为政府职能弱化的市场机制取代过程，将会引发一系列问题。斯蒂格利茨（2008）对此一针见血地指出，新自由市场原教旨主义一直是为某些利益服务的政治教条，从来没有得到经济学理论和历史经验的支持。世界金融危机的蔓延预示着西方主流经济学的个人主义和原教旨市场自由主义已经发展到极限（刘灿，2009）。可见，资源配置完全由政府控制或市场调节，国家经济均会停滞崩溃，引发危机。

作为配置资源的两种方式，"看得见的手"与"看不见的手"并非是二选一的取舍关系。从发达经济体成功转型的经验看，经济发展的不同阶段对资源配置起主导作用的方式会逐步发生变化，大体遵循政府对资源配置的影响逐步减弱，市场逐渐占据资源配置的核心地位（图6-1）。在这一进程中，并非市场取代政府的简单替代过程，政府职能呈现阶段性特征，表现为市场机制的健全与政府职能的转换。在经济发展初期，民间经济部门力量薄弱，不能为市场机制的正常运行提供充足的硬件、软件与人力资源，只有政府拥有推动现代化的组织力量、资源与技术手段（丁一兵，2008）。在这一时期，政府成为经济运行的主体，在要素流动与资源配置中发挥直接组织者的作用。"东亚模式"和"拉美模式"正是在此背景下应运而生。在经济发展中期，随着经济活动的复杂化，政府直接干预必然导致经济效率下降，干预成本提高，而此时市场力量得到增强，市场机制的资源配置作用开始显现优势，因而政府需从微观经济活动中逐步退出，在经济活动中充当间接组织者的作用，主要通过制定经济发展规划，实施经济政策等引导要素流动，市场机制逐渐发挥资源配置的基础性作用。当市场进入成熟期，政府从直接干预经济活动中完全退出，市场机制在资源配置中发挥决定性作用。政府经济职能转向制度建设与市场完善，纠正经济运行偏离政府预定目标的市场失灵；保障权利与机会公平分配，增加公共品供给、弥补市场不足。

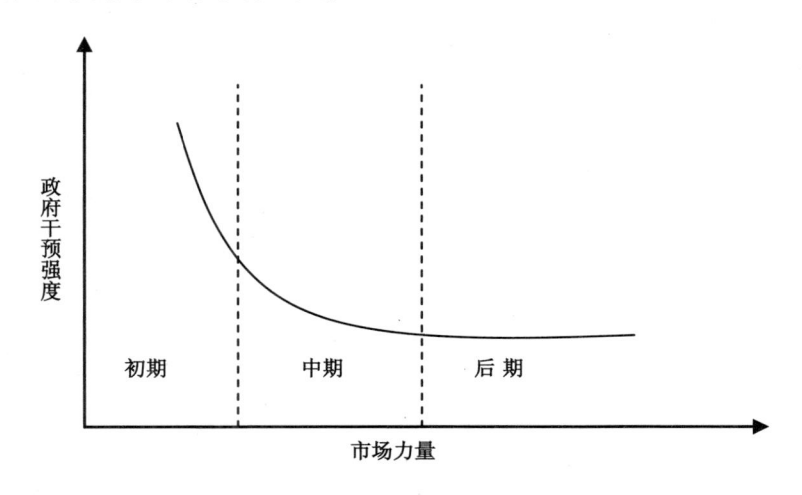

图 6-1　政府与市场关系的演变

（二）供给侧结构性改革下的政府与市场边界

根据经济发展规律和历史经验，后发国家在经济发展初期，政府可以借鉴发达国家经济发展的经验制定本国经济政策，然后将有限资源倾斜于重点部门获得快速发展，这也是发展中国家的后发优势。自改革开放以来，计划经济逐渐被市场经济所取代。在具有中国特色的市场经济体制中，很大一部分资源是由政府直接控制和配置的。在经济发展初期，政府主导型的市场经济体制能将稀缺资源和要素用于优先部门和产业，可以使经济保持较快的增长速度。在这段时期，政府可以借鉴国外发达国家经济发展的历史经验制定本国经济发展规划，政府在资源配置中起着主导作用。由于有先发国家的经验可以借鉴，政府在资源配置中可以避免先发国家在经济发展路径中的错误技术和战略就可以获得发展所需的技术和经验，从而节省大量的实验投资降低产品成本，获得竞争优势。

随着经济的发展和市场化深入，我国逐渐由后发国家向先发国家逐渐靠拢，技术模仿的边际效应日趋递减，加上发达国家越来越不愿意向技术追赶者转移前沿技术与知识，在这样的背景下后发国家的技术赶超只能依靠自主创新，并呈现出明显放缓的发展趋势，进入了后赶超时期（黄宁、张国胜，2015）。可以看出，后赶超时期的经济发展速度明显放缓，这与我国当前进入经济"新常态"下发展特征是基本吻合的。

政府的作用可能因时因地而不同，在不同发展条件、发展阶段和发展目标，同样的政府行为可能造成完全不同的发展结果（文雁兵，2017）。随着我国经济进入"新常态"，原有政府行为的资源配置效率不断衰减。党的十八大报告首次明确提出，发挥市场在资源配置中的决定性作用和更好发挥政府的作用，这为合理确定政府和市场在资源配置中的有效边界提供了理论指导。在经济发展新常态下，我们既不能像西方供给学派所主张单纯减少政府干预，又不能走计划经济的老路，而是要充分发挥政府和市场在资源配置中的长处和优势。

转型过程中，我国产能过剩的重要原因是来自于投资体制不合理和政府参与产业投资的强烈冲动，地方政府的利益驱动是政府主导下的过度投资和重复建设的原因（周业樑、盛文军，2007）。全要素生产率和生产组织方式是供给侧结构性改革的重心，这就要求政府进行简政放权改革（娄成武、董鹏，2016），其重点就是对政府职能进行重新定位，由此前政府主导资源配置的管理型政府向重点提供公共产品的服务型政府转变。在这一转变过程中，政府需要弱化自身的管理职能，强化服务职能。我国企业在实际经营过程中存在供给成本居高不下的问题，其中融资成本、税费成本等制度性交易成本是重要原因，这些归根结底都与政府职能转变不到位有关（胡家勇、李繁荣，2017）。清晰界定政府与市场的边界，可以降低资源供需转化的交易费用。

（三）政府与市场关系的调整展望

市场失灵和政府失灵分别是政府干预和市场万能的逻辑起点，资源配置结构的不同组合只是在不合意与难以容忍间寻求次优解（沃尔夫，

2007），构建这种次优组织的关键是确定政府与市场的有效边界，经济制度的重新设计就是要在经济发展的不同阶段充分发挥政府与市场各自的效力，达到资源配置组合良性的动态均衡状态（张志元和马雷，2014）。世界经济发展的理论与实践表明，政府与市场是所有经济制度的核心问题。十八届三中全会通过的《中共中央关于全面深化改革若干重大问题的决定》（下文简称《决定》）指出，经济体制改革的"核心问题是处理好政府和市场的关系，使市场在资源配置中起决定性作用"。回顾我国的发展历程，资源配置方式的结构发生了明显的变化。计划经济时期资源的调配主要依靠行政指令，将市场的资源配置作用压缩至最小范围内。改革开放以来，市场对资源配置强度不断提高，市场定位从"计划为主、市场为辅"转变为"基础性作用"最后提升至对资源配置"起决定性作用"。经济体制的市场化改革可以有效制约地方政府随意干预市场，纠正资源错配、抑制寻租腐败，是避免我国陷入中等收入陷阱的经济体制保障。发挥市场资源配置的决定性作用，并不意味着忽视或者放弃政府的经济调控职能。《决定》中同时也强调了"更好发挥政府的作用"，在论及挖掘生产要素的潜力时提出"让一切劳动、知识、技术、管理、资本的活力竞相迸发"，把"资本"排在许多生产要素之后，体现了政府对市场的有效制约与管控，完善基本经济制度需要"有为政府"，这是因为经济发展过程中，尤其是在产业转型的转折点，需要政府因势利导为企业技术创新创造条件、提供支持，补偿先行企业面临的风险与不确定性（林毅夫，2013）。对于后发国家，"有为政府"更是实现经济赶超的"推进剂"。

《决定》强调要"加强中央政府宏观调控职责和能力，加强地方政府公共服务、市场监管、社会管理、环境保护等职责"，进一步厘清中央政府与地方政府的经济职能，有助于发挥各自比较优势（朱之鑫，2013）。对地方政府而言，要从微观经济活动中退出，由市场参与者转变为市场秩序的维护者，保障公正竞争，创造各类型所有制企业公平竞争的市场环境，"推动资源配置依据市场规则、市场价格、市场竞争实现效益最大化和效率最优化"，让市场提供经济发展的动力与活力。

二 中央政府与地方政府

"大政府、小市场"的格局决定了政府掌握着政策供给和资源配置的决定权，政府与市场边界的决定权在政府。发挥市场的决定性作用和更好发挥政府的作用是相辅相成，相互促进的。政府的经济职能主要体现在三个方面（陈奇斌，2016）：干预不完全竞争、外部性和公共品等市场失灵领域促进社会经济效率；利用收入再分配和社会保障计划增进社会公平；制定宏观经济政策保持经济平稳和增长。

我国经济发展的经验表明，地方政府竞争是我国经济长期保持高速增长的制度创新，而要让这一制度发挥作用，中央政府的边界在于制度维护，地方政府负责具体产业政策制订（周燕，2017）。经济发展水平的提高也带来经济进一步增长的弹性空间不断减少，地方之间会因争夺市场和资源展开激烈甚至是恶性竞争。同时，中央政府在调控地方政府进行有序竞争方面的能力或意愿在下降（蔡之兵和张可云，2018）。产能过剩、库存过大、杠杆和成本偏高等供给侧结构性失衡的经济问题都是与政府行为密切相关。如何更好发挥政府在资源配置中的积极作用呢？这就需要清楚界定中央政府与地方政府的边界，降低政策供给的交易费用。在供给侧结构性改革下，政府职能转变就是要处理好中央政府和地方政府的关系，其核心就是要厘清地方政府的经济职能。要求地方政府治理规范化，地方政府职能转变就是对权力清单、责任清单履行的全面深化，通过重新定位政府各层级、各部门的关系，完善政府对市场的宏观调控体系，严格规范政府按照既定程序和规范体系办事（张学本和战浩，2017）。

中央政府和地方政府在财政储备和汲取能力的不均衡，可能会使中央政府和地方政府以及不同地方政府之间简政放权改革的步伐难以同步（娄成武和董鹏，2016）。新中国成立后，在央地关系调整过程中，"充分发挥中央和地方两个积极性"这一原则的地位及其相应的基本管理模式从未改变（朱光磊，2017）。在计划经济向市场经济过渡的进程中，如何处理好中央政府与地方政府的关系积累了许多宝贵经验，但也存在很多不足，如职责交叉、机构重叠，跨部门、跨区域的政府间协调治理能力薄弱等。中央与地方经历多次中央集权与地方分权的演变，"一放就乱、一乱就收、一收就死"使中央与地方权力调整陷入"放收循环"的怪圈。中央与地方利益分配不合理是导致二者关系存在诸多问题的根本原因，中央与地方职责边界模糊则是利益分配不合理的制度基础（张志红，2005）。建立健全让市场在资源配置中起决定作用的体制机制是转变政府职能的前提和制度基础，政府治理体系和治理能力现代化的着力点分别是提升中央政府区间和跨区域性事务中的职责，扩大地方政府在市场监管、社会管理、公共服务和环境保护等方面的职责（张述存，2016）。具体而言，中央政府应履行的经济职责主要包括（王琛伟和陈凤仙，2014）：一是提供地方政府不愿提供的全局性公共品或者能比地方政府更能节约资源、更高效的公共品；二是加强规划引导，协调全国步调一致，监督地方政府落实中央相关政策。地方政府则负责落实中央各项政策，并根据本地的实际情况制定发展规划。

第三节 供给侧结构性改革下地方政府职能存在的问题

　　一个高效运转的地方政府，其职能始终是围绕经济社会发展的变化而进行动态调整，以更好适应和服务经济社会发展需要。供给侧结构性改革是我国经济发展进入"新常态"下的战略决策，以创新研发和工匠精神推动增长动力转换。构建高效、快捷、宽松、宽容的经济运行机制和行政服务体制是让"一切劳动、知识、技术、管理、资本的活力竞相迸发，让一切创造社会财富的源泉充分涌流"的制度基础。推动行政体制改革，转变政府职能，关系到供给侧结构性改革能否取得成功的关键。十八大以来，中央政府以简政放权为指导，积极推进行政性放权改革，取得了很大突破。相对于中央政府的主动革新，地方政府行政职能转换表现得比较迟滞。

　　长久以来，我国地方政府都是全能型政府（郭智，2016），不仅履行份内的行政职能、社会责任和经济调控职能，还积极参与经济的微观活动，如招商引资、开发区建设等，主导地区经济增长。既当裁判员，又是运动员的发展型地方政府职能转换同时存在着缺位现象（周劲和付保宗，2010）：在实施供给侧结构性改革的过程中，政府缺乏保障资源有效配置的引导机制，一是缺乏行业产能利用信息发布制度，信息不对称加大企业投资的预期偏差，导致部分行业产能过剩；二是缺乏科学系统的产业进入退出机制，进入和退出门槛的软约束延缓产能过剩的自我纠正过程，难以遏制和淘汰落后产能；三是缺乏有效的要素市场体系，资本市场和土地要素市场市场化程度低，资源难以有效配置。政府在"三去一降一补"的供给侧结构性改革中存在缺位的同时，也存在着越位的现象，管了很多不该管的事，如设定强制性的总量控制目标，限制淘汰和落后行业产能，虽然可以在短期内见到成效，但从长远来看，会加剧产能波动。

第四节　供给侧结构性改革背景下地方政府职能转变路径

经济转型时期地方政府职能转变要始终以经济社会的发展为依据，其转变方向和目标是与社会经济环境相适应（余顺坤和武晓龙，2017）。当前，我国处于增长速度换挡期、结构调整阵痛期和前期刺激政策消化期三期叠加为主要特征和挑战的新常态时期，政府因应提出供给侧结构性改革。对于地方政府而言，积极转变政府职能，建立健全体制机制，扩大有效供给，构建推动经济发展的新动能。

一　依法深化财税体制改革，健全财权与事权相统一、税收与经济相协调的制度

党的十八大以来，以习近平总书记为核心的党中央明确提出推进国家治理体系和治理能力现代化。加快构建政府治理现代化的制度构架，必然要求转变政府职能，理顺政府与市场、中央政府与地方政府关系。可以预见，随着简政放权的推进，中央政府很多管理职能会下放到地方，地方政府的财政压力会进一步加大。自1994年分税制改革以来，中央政府与省级政府、省级以下财政体制都采用税收分成划分上下级政府之间税收分享办法。当上级政府税收分成增多时，直接减少了下级政府的税收收益，形成财政压力（席鹏辉等，2017）。根据中国统计年鉴的统计数据，2004—2016年，地方财政收入占比约从45%上升至54%左右，地方财政支出占比约从72%上升至85%左右，虽然中央政府通过财政转移极大弥补了地方财政缺口，但地方财政压力还是在不断增大。

健全中央与地方财权与事权相统一的制度构架是推进地方政府治理现代化的制度基础。通过深化财税体制改革，使各级政府所掌握的财权与事权达到统一。在"简政放权"、发挥市场在资源配置中的决定性作用的大背景下，合理调整中央政府与地方政府财政收入来源、比例，使中央政府下放的事权与相应的财权相统一。防范、化解当前存在的地方政府债务风险需要规范地方政府的举债融资机制，建立地方政府债券和设立政府引导基金规范融资行为，按照分类管理和限额控制加强预算管理，强化预算约

束和债务问责,推动地方政府债务管理法治化运行。

"新常态"下推进供给侧结构性改革,制造业企业面临着需求疲软、融资约束的双重挤压,企业发展处境艰难。外部经济环境也面临着美国加息和减税等一系列政策刺激吸引制造业回流的严峻挑战,经济下行压力增大。相对货币政策处于进退两难的境地,扩张性的财政政策具有一定的实施空间。通过减少税费释放政策红利,降低制度性交易成本,增强企业创新能力和盈利能力,提升企业产品的附加值,为我国产业结构升级和供给侧结构性改革提供强大动力。

二 建立市场准入负面清单制度,减少政府在资源配置中的行政干预

政府和市场是资源配置的两种方式。在资源配置中,如果市场能够起到决定性作用,政府的行政干预就会大大降低,二者是此消彼长的替代关系。由于政府掌握了资源配置的主导权,只有政府主动放权,减少在资源配置中的行政干预,市场在资源配置中的力量才会日趋强大。

如何减少政府在资源配置中的行政干预呢?重点是要合理确定政府和市场的边界,凡是市场机制能够发挥作用的领域,政府就不要直接干预。市场解决不了的外部性、自然垄断、信息不对称、公共产品供给等可以交由政府来解决。由于政府,特别是地方政府总是存在行政干预的强烈冲动。政府的有形之手归属"援助之手"还是"攫取之手",取决于地方官员的内在激励,即使是"援助之手"的好心也很容易办坏事。政府的干预行为会扭曲市场供给,扰乱市场机制。如果缺乏外在的约束与监督,政府的有形之手很容易越过政府与市场的边界。更好发挥政府在资源配置中的积极作用,就是要清除阻碍统一市场和公平竞争的各种规定和做法。通过建立健全市场准入负面清单制度,保障各类市场主体平等、公平地进入负面清单以外的行业和领域,消除政府在经济活动中存在的"越位"、"错位"和"缺位"现象。

三 建立行业产能利用信息发布制度

及时有效的信息是企业进行投资经营决策的重要参考。从国际经验看,世界已经有50多个国家公布产能利用数据,美国、日本和欧盟等发达国家为应对出现的不同程度产能过剩,会将行业产能利用率等相关

指标作为统计常规数据定期、及时发布,减少信息不对称给企业带来的预期偏差和投资偏误。我国可充分发挥政府和行业协会的信息优势,借鉴发达国家应对产能过剩的成功经验,有计划地定期、及时收集并向社会发布行业产能利用信息,对产能过剩行业及时预警,通过提供信息产品和服务帮助企业规避盲目投资,可以更好发挥市场经济条件下政府的服务职能。

国外行业产能利用率统计调查方法经过几十年的探索,测算体系已经较为成熟和完善,这为我国建立产能统计制度提供了很好的借鉴(孙晓,2017)。我国统计部门专业化和信息化水平较高,已有拥有较为完备的工业统计基础,行业产能利用指标统计完全可以与现有工业企业调查融合,这为我国尽快建立行业产能利用信息制度奠定了坚实基础。

四 健全地方政府绩效考核制度

地方政府的经济行为主要受到地方主要官员领导的官员集体内在激励所驱动。地方政府从分税制以前以市场分割为主要表现的行为模式转变为分税制改革以后土地开发为主要表现的行为模式是"政治晋升激励"和"财政激励"在外部约束条件改变下的理性选择。以经济增长为主要指标的绩效考核评价体系驱使地方政府主要官员以发展经济,不遗余力地推动经济增长为主要目标。官员任期制决定了地方政府投资主要追求立竿见影的形象工程和政绩工程,必然会导致重复建设和产能过剩等一系列问题。政府推动型经济增长需要强大的财力支持。具有高增值税税收收益属性的产能过剩行业为地方政府提供丰富的税收收入,是缓解地方财政压力的主要工具,因而地方政府财政压力是形成产能过剩的财政激励效应(席鹏辉等,2017)。

由此可见,简单依靠地方政府的经济理性推动供给侧结构性改革将很难奏效。只有切实改变、完善地方官员绩效考核评价制度是供给侧结构性改革取得实效的制度保障。近些年来,淡化绩效考核中的经济增长指标权重已得到各界广泛共识,但地区经济增长作为衡量任期内地方官员绩效的显性指标是最直接、最容易被上级部门所察知,导致简单降低 GDP 指标权重成效不佳。转变地方政府职能需要中央政府在制度上加强顶层设计,进一步健全官员绩效考核评价体系,不同地区官员的考核可以结合主体功能区划,根据各地不同的自然生态环境、经济社会发展特点设置各有侧重的考核指标。为了在供给侧结构性改革过程中更好调动地方政府的积极性和主动性，可以在体现当地经济发展和产业技术水平特征的绩效考核指标中，相应增加"三去一降一补"指标和权重的设计（胡家勇和李繁荣，2017）。

第七章 重构地方政府经济行为逻辑，促进经济可持续增长

第一节 主要结论

一 地方政府利益偏好与经济增长的结论

本书以地方政府官员集团的集体利益偏好就是追求财政激励下的预算外收入扩张。以此为逻辑起点，论证了地方政府中下层官员利益偏好与核心或高层官员利益偏好、地方政府集体偏好与中央政府经济增长目标的关系。同时本书对地方政府的利益偏好与经济增长关系的经验性研究，还可以揭示出改革开放以来中国经济"奇迹"的内在动力。研究发现，官员集团"预算外收入"的集体利益偏好与高层官员"政治晋升"的个体利益偏好、地方政府的利益激励与中央政府的经济增长目标高度共融。不同时期差异显著：1994 年以前，地方政府追求预算外收入可以显著促进经济增长，但经济增长反过来会抑制地方政府预算外收入的膨胀；1994 年及之后，预算外收入与经济增长二者相互促进，且预算外收入对经济增长的产出弹性大于前期。分地区看：预算外收入对经济增长的促进作用东部地区高于中西部地区；经济增长对预算外收入的扩张效应东部地区呈倒 U 形的缩小走势，中西部地区呈浅 U 形的扩大趋势。本书将地方政府官员集团（尤其是中下层官员）的"预算外收入"集体利益偏好与高层官员追求以经济增长为主要绩效考核指标的"政治晋升"利益偏好实现完美的融合。并根据前后两个阶段实证研究结果的差异，可以进一步得出，以预算外收入为主要表现的财政激励虽然在官员集团中拥有广泛的群众基础，但对整个地方政府而言，政治晋升激励要优先于财政激励。

行为主体的意图与动机和实施的行动在逻辑上具有一致性，行为本身

只是行为主体动机与意图的外化。根据不同时期地方政府效用偏好与经济增长关系的差异，进而可以推导出地方政府先后出现的两种完全不同的经济行为模式：分税制改革以前，地方政府为追求以企业留利为主的预算外收入普遍实施的市场分割行为模式；分税制改革以后，地方政府为追求土地出让收益最大化广泛采取的土地开发行为模式。

二 地方政府经济行为模式与全要素生产率的结论

地方政府发展经济的行为模式由分税制改革以前的"市场分割"为主要表现形式的"经营企业"转变为分税制以后"土地开发"为主要表现形式的"经营土地"。本书进而采用面板 probit 回归模型和面板门限回归模型实证分析地方政府经济行为模式对经济增长的源泉——全要素生产率的影响，并将全要素生产率分解为技术进步与综合技术效率，采用 2SLS 进一步检验地方政府经济行为模式对技术进步与综合技术效率的影响效应。

结果表明，两种经济行为模式均显著制约全要素生产率增长。对全要素生产率结构分解的进一步分析表明，两种经济行为模式的影响差异显著：分税制改革以前，地方政府市场分割的行为模式对全要素生产率和综合技术效率呈正 U 形关系，而对技术进步的影响不显著；分税制改革以后，地方政府土地开发的行为模式对全要素生产率和综合技术效率的负面效应不仅没有收敛反而呈加剧态势，但对技术进步显示出微弱的促进作用。

研究还发现，地方政府投资在地方政府经济行为模式对全要素生产率的影响中具有门限效应，经济行为模式的塑造需要政府通过投资予以强化，不同经济行为模式下政府投资对全要素生产率的影响具有显著差异：分税制改革以前，在地方政府市场分割的行为模式下，政府投资显著制约技术进步。分税制改革以后地方政府的行为模式转变为土地开发，政府投资对技术进步的作用也由制约效应转变为促进效应。

三 地方政府经济行为模式与产业结构的结论

分税制前、后地方政府明显不同的经济行为模式对地区产业结构的影响产生显著差异。本书主要采用了系统 GMM 模型和空间面板杜宾模型实证测度分税制改革以前地方政府市场分割的行为模式和分税制改革以后土地开发的行为模式分别对地区产业同构和产业专业化的影响，并进行对比分析。

从产业同构角度看，分税制改革以前市场分割的行为模式加剧地区产业同构，分税制改革以后地方政府的行为模式转变为经营土地，对地区产业同构的影响变得不显著。从地区产业专业化角度看，本地市场分割的行为可以促进当地产业专业化，但是相邻地区的地方政府采用市场分割会显著制约本地区产业专业化。相比前期地方政府市场分割的行为模式，地方政府经营土地的行为模式对本地产业专业化影响不显著，但相邻地区经营土地的行为模式有助于促进本地产业专业化发展。地方政府两种行为模式对地区产业结构的影响变化，显示出地方政府行为模式的转变有助于促进地区产业专业化，抑制产业同构。地方政府的经济行为对产业专业化的影响逐渐摆脱了不受约束的集体行动导致的囚徒困境，资源配置逐渐趋向合理。

不同经济行为模式下的地方政府投资对产业结构的影响也具有很大不同。在地方政府市场分割行为模式下，政府投资显著加剧产业同构，抑制产业专业化发展。进入土地开发模式以后，政府投资对产业同构和产业专业化的影响不再显著。

四 地方政府土地开发行为模式与企业绩效的结论

鉴于数据的可得性，本书主要分析分税制改革以后地方政府土地开发的行为模式对企业绩效的影响。通过采用分层线性回归和面板分位数回归的结果表明，在控制影响工业企业绩效的其他因素以后，地方政府土地开发行为显著制约企业绩效的提升，对企业绩效的负面影响呈先减缓后增强的倒 U 形关系，地方政府土地开发行为对经营效益好的企业负面效应大于经营绩效差的企业，土地开发行为大大削弱了工业企业可持续发展能力。分地区、分企业类型和分行业的进一步研究发现，地方政府土地开发的行为对沿海地区、非国有企业或资本、技术密集型的企业绩效负面影响大于非同类工业企业。

地方政府土地开发经济行为模式的塑造需要借助政府投资来实现，它对企业绩效具有正负两种影响途径。在剥离了基础设施建设的影响后，政府投资对工业企业绩效具有明显制约作用，尤其对融资需求较为迫切的经营绩效最差和最好的工业企业的制约作用更强。从不同企业类型看，政府投资对沿海地区、非国有企业和技术密集型企业绩效的负面影响小于非同类型工业企业,这与地方土地开发行为模式的影响正好相反。

五　地方政府土地开发行为模式与劳动供给的结论

上文已经研究发现,地方政府土地开发行为模式抑制了产业结构转型升级和技术创新,对经济的实体层面造成极大打击。本书在剖析房价上涨会通过财富效应、斜杠效应、房奴效应、示范效应和塞里格曼效应等多种正负机制和途径影响劳动供给的理论基础上,基于中国家庭收入调查(CHIPS2013)的微观数据,采用门槛模型、分位数模型等多种回归模型研究发现:房价上涨会显著减少劳动时间供给。这种影响在不同群体和地区存在明显差异,房价上涨尤其对适龄主力劳动者群体、高学历劳动者群体、高收入劳动者群体等推动技术创新和经济转型升级所依赖的人力资本,以及传统经济增长所依赖的人口红利(流动人口)和经济增长的火车头(沿海地区)社会劳动者劳动时间供给造成严重的负向影响。

由此可见,房价上涨对传统经济增长所依赖的"人口红利"(流动人口)和经济增长的火车头——沿海地区劳动供给产生显著的负向影响。更严重的是,房价上涨对适龄劳动者群体、高学历劳动者群体、高收入劳动者群体等推动技术创新和经济转型升级所依赖的人力资本造成严重的负向影响。房价过快上涨使投入到房地产行业的利润率远高于社会其他行业的平均利润率,制造业企业脱实向虚涉足房地产领域,个人则在暴利的诱导下囤房、炒房,导致劳动时间供给减少,投机之风盛行。房价过快上涨使吃苦耐劳受到市场抑制,好逸恶劳得到市场奖励,逆向淘汰的市场选择不仅削弱技术创新,而且还对我国制造业从数量型向质量型转变所亟须的企业家精神和工匠精神造成严重打击,这种负面效应还需及时、妥善因应。

六　地方政府土地开发行为模式与能源消费的结论

生态环境是地区经济可持续发展重要的约束条件。现代工业社会,能源消耗是引起环境污染、环境变化的主要因素。随着经济高速发展,能源消费量剧增,大气污染、荒漠化等环境污染问题日益突出。虽然地方政府土地开发行为模式对生态环境的直接影响难以用经验数据论证,但能通过影响能源消耗间接作用于生态环境。

限于数据的收集，本书采用动态面板系统 GMM 计量模型研究地方政府土地开发行为对能源消费的影响机制和传导途径。研究结果表明：地方政府土地开发行为可以同时促进经济增长和能源消费，但能源消费增长效应低于对经济增长的刺激作用，从而使得地方政府土地开发行为可以降低能源消费强度。进一步研究发现，土地开发与能源消费强度呈正 U 形关系，与能源消费总量呈倒 U 形关系，显示土地开发行为抑制能源消费强度不具有可持续性。土地开发行为模式刺激的经济增长不仅导致实体经济萎缩，而且产生的庞大地方政府债务成为金融风险防范与化解的主要对象。由于土地开发行为模式对全要素生产率、产业结构、工业企业绩效、劳动供给时间均具有显著的负面效应，地方政府依靠土地财政刺激经济增长难以为继。因此，地方政府土地开发行为抑制能源消费强度是难以持续的。

第二节 重塑地方政府行为因果链，优化资源配置

一 优化激励机制，抑制地方政府自利偏好膨胀

中央政府通过行政权和财政权的下放强力推进市场化改革，激活地方政府"经济人"的角色，地方政府不断扩张自主性，逐渐成为具有相对独立利益的行为主体，调动地方经济发展的积极性。另一方面，自地方政府获得了相对独立的利益主体后，驱使地方政府做出行为反应的激励机制是理性主体的效用偏好。这也是中央政府确立了很好的政策目标，却得不到地方政府有力执行的内在原因。周黎安（2013）认为，地方政府的有效激励是创造"经济奇迹"的重要动力，作为发展中国家，经济发展的压力依然巨大，今后深化改革的重点是要强化体制约束，但绝不能以牺牲必要激励为代价。中央政府对地方政府的政治激励工具和中央政府多元治理目标的冲突使地方政府政策执行扭曲难以得到有效抑制（Mei，2009），要彻底扭转地方政府政策执行扭曲的局面，必须要重组自上而下的激励体系。因此，始于 20 世纪 90 年代的政府职能转变一直进展缓慢不是简单的政府角色认知分歧，而主要是地方政府效用目标的设定和选择问题（何显明，2008）。

由众多异质的个体官员组成的地方政府的主要效用目标为财政收入增

加（尤其是预算外收入扩张）和职位晋升。一般来说，地方政府的高层官员政治风险意识更强，职位晋升激励更大；中下层官员的效用偏好与动机主要是获取更多货币收入，包括工资收入增加、岗位津贴、各种隐性福利，都能从拥有充分"自由裁量权"的预算外收入中获得增进。总体来看，地方政府的预算外收入偏好能与政府官员不同动机与效用相关联，普及性最强。相比较而言，政治晋升更多只是地方政府少数核心官员的主要效用目标。虽然政治晋升是动机多样化的个体官员多元效用目标中的其中一个，但所占的权重最大，影响最为深远。我国的政府领导体制是党委领导下的行政首长负责制，地方党委的权力高于地方政府同时又是政府本身，地方政府可以轻易借助党的组织体系达到强化横向集权的目的（何显明，2008），横向自主性的弱化导致地方政府经济行为主要受核心官员追求个人政绩最大化和政治晋升机会最大化效用目标的左右。本书的实证结果也支持上述论点，分税制改革以前地方政府市场分割的行为模式可以促进经济增长，但经济增长反过来会显著削弱市场分割的经济行为模式。分税制改革以后，地方政府的土地开发行为模式与经济增长相互促进，高度共融。据此也可以换成另外一种表述方式，分税制改革以前以经济绩效为主要考核指标的政治晋升激励显著促进经济增长，但反过来会显著制约中下层官员的预算外收入激励的实现。分税制改革以后，地方政府中核心官员的政治晋升激励与官员集团内中下层官员的预算外收入激励形成一种相互促进的共生格局。

既然地方政府的多元效用目标中政治晋升激励偏好优先于财政激励，要破解具有相对利益主体的地方政府的自利行为因果链首先需要从激励机制入手，即要优化政治晋升激励的绩效考核评价体系。一是降低经济增长所占权重，增加绿色经济、技术创新、公共产品与服务、地方债务等的评价指标和权重。十八届三中全会明确提出"纠正单纯以经济增长速度评定政绩的偏向，加大资源消耗、环境损害、生态效益、产能过剩、科技创新、安全生产、新增债务等指标的权重"，中央组织部2013年12月下发的《关于改进地方党政领导班子和领导干部政绩考核工作的通知》进一步强调取消对地方官员考核的GDP排名，更加重视科技创新、就业、居民收入和其他公共服务职能的考核力度。需要强调的是，绩效考核评价体系也不能一刀切、采用同一模式，需要充分考虑到各地资源禀赋，如优先开发区和禁止开发区地方政府的目标导向区别非常大，中央政府可以根据资源承载能力和约束条件的不同，制定几种不同类型地区地方政府的绩效考核评价体系（如根据主体功能区划可制定四种类型）。二是设立专门评价机构，强化绩效考核指标的可信性、权威性。要让新的绩效考核标准起到实效，破解地方官员尤其是领导干部长期形成的思维惯性和推动发展的路径依赖，就必须要保持政绩考核评价体系的客观性、权威性。这其中，指标评价的客观性是权威性的基础，是激励机制改变地方政府行为的必要条件。随着绩效考核指标的增加，以及有些是难以被量化指标的引用，非常有必要设立一个具有较强独立性的专业考评机构，就各省级政府的绩效表现做出评级，组织部门并以此作为任用、提拔领导干部时的主要标准，进一步提高绩效考核指标的可信性和权威性。这样，健全绩效考核评价体系可以显著改变地方领导干部的效用偏好，进而地方政府的经济行为也会发生显著变化。另外，要削弱地方政府中下层官员的预算外收入激励偏好，需进一步健全预算管理体制和财政体制。2011年起预算外收入全部纳入政府预算管理，其中地方政府的土地出让收益全部纳入政府性基金预算，并成为地方政府性基金的最主要来源。① 由于政府性基金的法律制度框架不清，财政、审计部门和人大的控制、监督不足，加上信息公开透明度低，政府性基金的征收和使用部门仍然具有相当大的自由裁量权（冯俏彬和郑朝阳，2013）。今后需强化外部职能部门对政府性基金的审计、监督和绩效评价，增强透明度，进一步规范政府性基金预算的运作。通过重构地方政府的效用偏好，将地方政府的"掠夺之手"转变为"扶持之手"。

习近平在参加2013年博鳌亚洲论坛时指出，我国经济不可能也没必要保持超高速增长。以往由高资源消耗、高污染排放堆砌的高经济增长已经越来越不可持续，我国要主动放缓经济增速，通过改革着力调整经济结构，推动技术创新、节能减排和经济转型升级。如能成功扭转地方政府官员集团唯经济增长的激励机制，这将意味着为我国转变经济发展方式注入了强大的内生动力。

---

① 2011年地方政府性基金收入38233.7亿元，国有土地使用权出让收入为33166.24亿元（财政部，2012），国有土地使用权出让收入占政府性基金总收入的86.75%。2012年地方政府性基金收入34203.57亿元，土地出让收入为28418.19亿元（财政部，2013），土地出让收入占总收入的83.08%。虽然2012年土地出让收入出现小幅下降，但仍然是其最主要来源。

二 扩展市场主体合理自主权，限制地方政府自利行为的侵入

"国家的存在是经济增长的关键，然而国家又是人为经济衰退的根源"，形象描述了政府在经济发展中是矛盾性与多重性的统一。市场化进程进入后期，伴随着中央政府持续性的放权，地方政府借助信息优势和制度创新探索试验的机会，不断实现自我赋权，扩展纵向的自主性行为空间（何显明，2008）。在缺乏体制内和体制外制衡机制的情况下，"一把手"负责制强化了地方政府横向集权，使得地方政府的行为难以受到有效制约。地方政府可以根据自己的偏好随意进入市场，干预企业运营，市场机制难以发挥最大效用。另一方面，地方政府公共支出结构扭曲，重基础设施建设、轻公共产品和服务的选择性履职是地方政府自主性扩张严重偏离公共利益最大化轨道的外在表现。当然，政治学上讨论如何建立、健全政府间的权限分工，推进政府治理创新并不是本书的重点。

对于地方政府的职能范围，《决定》提出要"加强地方政府公共服务、市场监管、社会管理、环境保护等职责"，今后需进一步从法律层面限制地方政府对区域市场的行政干预，强化地方人大、司法等机构的监督，同时依法赋予企业等市场主体"法无禁止则可为"的经营自主权，探索建立地方政府"法无授权不可为"的"负面清单"行政管理体制，明确政府和市场主体各自合理的行为边界，以企业等市场主体的自主性限制地方政府自主性扩张（何显明，2008），达到某种相对制衡的稳定状态。

另外，理顺地方政府与市场的关系、健全市场经济体制还需要着力培育中介机构，形成"政府—中介组织—企业"的三层组织架构（白永秀和王颂吉，2013）。成熟的市场经济国家中介组织普遍非常发达，承担着政府与企业之间的桥梁作用。不同类型的中介组织可以满足地方政府的多种职能需要。监管类的中介组织可以在地方政府的指导下维护市场环境，地方政府也可以通过中介机构实现对市场主体的间接调控，避免采取直接干预的经济行为破坏市场规则。三强鼎立格局形成后，企业也可以通过中介组织对地方政府的自利行政干预施加一定程度的约束。

三 纠正地方政府投资失范，削弱自利行为模式塑造的基础

本书的研究发现，地方政府自利性的经济行为模式均需要借助地方政府投资来塑造。分税制改革以前，地方政府采用行政、法规等地方保护政策将辖区外的商品排除在本地市场之外，通过实施市场封锁保护本地企业的市场占有。如仅凭这种行政壁垒构成的地方保护，还难以实现利益最大化，地方政府还需要通过政府投资来强化初步形成的市场分割行为模式以获取最大化的经济收益。财政承包制下的地方政府经济收益主要来自两部分：一是企业留利，地方政府通过隐瞒、人为降低财政增速将本应上缴的财政收入留存在本地国有及乡镇企业转为可供自由支配的预算外收入（李学文等，2012）。二是企业增值税，财政收入主要依照企业生产规模确定征收额度，只要企业有进项和销项就可以征收（周飞舟，2006）。因此，为了实现市场分割的自利行为获取最大的经济收益，地方政府的经营性资金主要用于扶持经营不善的本地国有及乡镇亏损企业，支持企业进一步扩大生产规模。分税制改革以后，地方政府的自利行为模式转变为土地开发。为了从国有土地出让中获取最大经济收益，地方政府的投资主要转向基础设施建设。一方面，完善辖区基础设施，改进出让土地所在的自然区位条件，地方政府可以从"招、拍、挂"的商业土地出让模式中以更高的价格出售土地，从而获取更大的土地出让收益，部分官员还可以从基础设施建设的寻租中获取直接的货币收益。另一方面，基础设施的迅速改善是短时期最容易被外界所感知的辖区进步与现代化成就，是任期内地方领导追求政绩"立竿见影"的最佳选择，王世磊和张军（2008）的研究也证实，绝对绩效考评下地方政府基础设施建设与政治激励存在确定的正相关性。

地方政府投资塑造的经济行为模式将政治、经济收益内部化的同时，还将债务风险外部化，并将偿债负担传递给下届政府甚至转移给中央政府。为了避开《预算法》禁止地方政府举债融资的限制，地方政府建立投融资平台公司，通过土地出让、银行借贷、发行城投债券等渠道筹集城市基础设施和市政设施建设所需资金，并由政府提供各种形式的担保，负责项目投资、建设、运营。虽然地方政府这一投融资体制创新一定程度上引入市场机制配置资源，但存在着融资不透明、法人制度不健全、责任主体不清等诸多问题。目前，地方政府的过度投资已经造成了较为严重的政

府债务负担，债务的偿还主要依赖土地出让收益支撑，一旦房地产业下滑将导致土地出让收入萎缩，造成资金链断裂，可能引发潜在金融系统性风险。规范地方政府投资，关键是建立地方政府投资风险约束体制。规范投融资机制、健全债务监测和预警体系。加强地方政府债务管理和地方领导离任债务审计制，控制住地方政府的投资规模和债务规模，防止地方领导追求短期政绩"寅吃卯粮"的过度短期投资行为。

市场化进程后期，市场体系逐渐成熟、市场机制趋于完善。规范地方政府投资，还需加强组织约束。消除地方政府经营性投资冲动，让地方政府投资从赢利的竞争投资领域完全退出，硬化地方政府的财政资金用途，重点放在市场失灵的、具有正向溢出效应的教育、医疗等公共产品供给、环境保护和治理领域。城市基础设施始终作为地方政府公共产品提供的重要组成部分，需进一步创新投资方式，通过建立规范、透明的投融资体制，通过特许经营的方式、采用 BOT（Build-Operate-Transfer）或 PPP（Public-Private Partnership）的项目运作模式，允许社会资本参与建设与运营，既可缓解地方政府城市建设资金不足，提高政府财政资金利用效率，又可避免政府投资侵占私人投资领域，挤占私人投资空间。

四 引入自下而上的监督与约束，弥补中央政府的监管不足

改革开放以来的市场化进程中，中央政府的权力下放，增强了地方政府促进经济发展的内在激励，地方政府也可借此机会自我赋权。当地方政府自由裁量权限过大，产生的负面效应超过一定限额时，又迫使中央政府不得不重新收回下放的行政权限，增强对地方政府的刚性约束。此举又会削弱地方政府促进经济发展的积极性和创造性，形成"一放就乱、一收就死"的治理格局反复交替出现。在原有政府治理结构中，信息不对称导致的自上而下的监管与约束的先天不足，地方政府行政违规甚至行政乱作为的事实业已产生，中央政府事后纠偏的代价极大。另一方面，经济的发展总是伴随着经济结构的深化和复杂化，对于地方经济社会的发展，中央政府决策的信息成本不断攀升，面临的信息约束也会日趋严重，随着社会经济的发展，自上而下的约束机制具有逐渐软化的自然趋势。因此，中央政府的权力下放和经济发展两种影响因素均使得由上而下塑造的行为因果链导致地方政府获得相当大的自由裁量权，地方政府总是存在着唯上不唯下，管理低效和服务缺失等政策执行扭曲的弊端。

从政治学角度看，地方政府也受当地民众的委托管理地方事务，理应受到社会公众的监督。地方政府公共属性的原动力是公共利益的达成和公众需求的满足（包国宪等，2012），公共职能的履行需要政策制定透明，社会公众有权参与并监督政策实施过程。公民意识的觉醒，也对地方政府治理能力提出更高的标准和要求，地方政府原有重经济增长、轻公共服务的选择性履行职能偏向难以适应现代公民社会发展的需要。地方政府行为的路径依赖和原有经济行为逻辑的破除与重构，必须借助制度创新产生的强大冲击力来实现。相对于中央政府的鞭长莫及，当地民众更熟悉本地的社会、经济现状，信息更趋对称，监督的经济成本也更小。今后进一步深化改革，除了完善地方政府的有效激励以外，更重要的是在合理激励与必要约束之间寻找一个最佳平衡点。通过健全地方政府行政问责机制，引入当地的社会力量，加强地方事务管理自下而上的参与权和对地方政府的监督权，使地方政府的行政决策能够直接面对公众，地方政府因信息优势所具有的自主行为边界将受到大幅压缩。政府治理能力现代化，也迫切需要建立自下而上的监督与约束机制，可以有效弥补自上而下绩效评价的主体过于单一和监管不足。通过在政府治理体系中注入新的改革要素，将彻底打破中央与地方原有收权、放权不断交替的治理怪圈（周黎安，2013）。当然，自下而上监督与约束机制的建立与完善，还有很长的路要走。

参考文献

安虎森：《新区域经济学》，东北财经大学出版社2008年版。

白重恩、杜颖娟、陶志刚、仝月婷：《地方保护主义及产业地区集中度的决定因素和变动趋势》，《经济研究》2004年第4期。

白俊红、江可申、李婧：《中国地区研发创新的相对效率与全要素生产率增长分解》，《数量经济技术经济研究》2008年第3期。

白永秀、王颂吉：《我国经济体制改革核心重构：政府与市场关系》，《改革》2013年第7期。

包国宪、曹惠民、王学军：《地方政府绩效研究视角的转变：从管理到治理》，《东北大学学报》（社会科学版）2012年第5期。

边沁：《道德与立法原理导论》（中译本），商务印书馆2000年版。

边维慧、李自兴：《财政分权：理论与国外实践》，《国外社会科学》2008年第3期。

蔡昉：《中国经济增长如何转向全要素生产率驱动型》，《中国社会科学》2013年第1期。

蔡昉：《如何认识和提高经济增长质量》，《科学发展》2017年第3期。

蔡玉胜：《地方政府竞争：理论的源起、演化及其中国化境况》，《天津行政学院学报》2007年第2期。

蔡之兵、张可云：《区域关系视角下的供给侧结构性改革研究》，《河北学刊》2018年第1期。

财政部：《关于2011年中央和地方预算执行情况与2012年中央和地方预算草案的报告》，http://www.gov.cn/2012lh/content_ 2093446.htm。

财政部：《关于2012年中央和地方预算执行情况与2013年中央和地方预算草案的报告》，http://www.mof.gov.cn/zhengwuxinxi/caizhengxinwen/201303/t20130310_ 762773.html。

陈抗：《分税制改革、地方财政自主权与公共品供给》，《经济学（季刊）》2010年第4期。

陈抗、Hillman A.、顾清扬：《财政集权与地方政府行为变化——从援助之手到攫取之手》，经济学（季刊）2002年第1期。

陈奇斌：《供给侧结构性改革中的政府与市场》，《学术研究》2016年第6期。

丁一兵：《从发展中国家经验看政府经济责任的转换》，《长白学刊》2008年第2期。

段国蕊、臧旭恒：《中国式分权、地方政府行为与资本深化——基于区域制造业部门的理论和经验分析》，《南开经济研究》2013年第6期。

樊福卓：《地区专业化的度量》，《经济研究》2007年第9期。

范言慧、席丹、殷琳：《繁荣与衰落：中国房地产业扩张与"荷兰病"》，《世界经济》2013年第11期。

方福前：《公共选择理论——政治的经济学》，中国人民大学出版社2000年版。

冯俏彬、郑朝阳：《规范我国政府性基金的运行管理研究》，《财经科学》2013年第4期。

傅道忠、汤菲：《德国经济政策实践及借鉴》，《当代财经》2003年第2期。

傅勇：《中国分权为何不同：一个考虑政治激励与财政激励的分析框架》，《世界经济》2008年第1期。

傅勇：《财政分权改革提高了地方财政激励强度吗》，《财贸经济》2008年第7期。

傅勇、张晏：《中国式分权与财政支出结构偏向：为增长而竞争的代价》，《管理世界》2007年第3期。

高波、陈健、邹琳华：《区域房价差异、劳动力流动与产业升级》，《经济研究》2012年第1期。

高波、许春招、李勇刚：《房价波动、户籍歧视与城市失业》，《产业经济研究》2014年第3期。

高燕妮：《试论中央与地方政府间的委托—代理关系》，《改革与战略》2009年第1期。

戈艳霞、张彬斌：《财产性收入与劳动供给新红利——对"扩大财产性收入人群"的政策效应评估》,《劳动经济研究》2018 年第 1 期。

桂琦寒、陈敏、陆铭、陈钊:《中国国内商品市场趋于分割还是整合: 基于相对价格法的分析》,《世界经济》2006 年第 2 期。

郭立新、陈传明:《企业家社会资本、战略决策速度与企业绩效的关系——基于中国企业的实证研究》,《南京社会科学》2011 年第 10 期。

郭立新、陈传明:《企业家社会资本与企业绩效——以战略决策质量为中介》,《经济管理》2011 年第 12 期。

郭庆旺、贾俊雪:《地方政府行为、投资冲动与宏观经济稳定》,《管理世界》2006 年第 5 期。

郭智:《加快地方政府职能转变的目标及措施》,《人民论坛》2016 年第 11 期。

韩公萍:《我国转型期居民财产性收入研究》,硕士学位论文,西南财经大学,2010 年。

何显明:《市场化进程中的地方政府角色及其行为逻辑——基于地方政府自主性的视角》,《浙江大学学报》(人文社会科学版) 2007 年第 6 期。

何显明:《市场化进程中的地方政府行为逻辑》,人民出版社 2008 年版。

何正斌、刘瑾:《德国经济思想的特色及其启示》,《统计与决策》2005 年第 9 期。

胡家勇、李繁荣:《政府职能转变与供给侧结构性改革》,《学习与探索》2017 年第 7 期。

胡向婷、张璐:《地方保护主义对地区产业结构的影响——理论与实证分析》,《经济研究》2005 年第 2 期。

黄纯纯、周业安:《地方政府竞争理论的起源、发展及其局限》,《中国人民大学学报》2011 年第 3 期。

黄宁、张国胜:《后赶超时期我国技术赶超的发展机会与政策取向》,《经济与管理》第 5 期。

黄玖立、李坤望:《出口开放、地区市场规模和经济增长》,《经济研究》2006 年第 6 期。

黄相怀:《当代中国中央与地方关系模式述评》,《中共中央党校学报》2013 年第 1 期。

黄赜琳、王敬云：《基于产业结构区际贸易壁垒的实证分析》，《财经研究》2007 年第 3 期。

简泽：《市场扭曲、跨企业的资源配置与制造业部门的生产率》，《中国工业经济》2011 年第 1 期。

江克忠、夏策敏：《财政分权背景下的地方政府预算外收入扩张——基于中国省级面板数据的实证研究》，《浙江社会科学》2012 年第 8 期。

江时学：《对拉美和东亚发展模式的基本认识》，《太平洋学报》2001 年第 1 期。

姜达洋：《次贷危机格局下的拉美模式重新评价与考察——兼议政府干预与贸易保护的是与非》，《现代财经》（天津财经大学学报）2012 年第 3 期。

贾根良：《国际大循环经济发展战略的致命弊端》，《马克思主义研究》2010 年第 12 期。

贾根良：《美国学派：推进美国经济崛起的国民经济学说》，《中国社会科学》2011 年第 4 期。

李斌、李拓：《环境规制、土地财政与环境污染——基于中国式分权的博弈分析与实证检验》，《财经论丛》2015 年第 1 期。

李常理：《转型时期中国地方政府经济行为研究》，博士学位论文，中共中央党校，2011 年。

李婧、贺小刚、茆键：《亲缘关系、创新能力与企业绩效》，《南开管理评论》2010 年第 3 期。

李敬、冉光和、万广华：《中国区域金融发展差异的解释——基于劳动分工理论与 Shapley 值分解方法》，《经济研究》2007 年第 5 期。

李学文、卢新海、张蔚文：《地方政府与预算外收入：中国经济增长模式问题》，《世界经济》2012 年第 8 期。

李勇刚、周经：《土地财政、住房价格与农村剩余劳动力转移》，《经济与管理研究》2016 年第 8 期。

连玉君、程建：《不同成长机会下资本结构与经营绩效之关系研究》，《当代经济科学》2006 年第 2 期。

林季红、郭志芳：《金融市场、FDI 与全要素生产率增长》，《世界经济研究》2013 年第 5 期。

林毅夫：《政府与市场的关系》，《国家行政学院学报》2013 年第

6 期。

林毅夫：《转型国家需要有效市场和有为政府》，北京大学国家发展研究院［朗润·格政］论坛"解读三中全会的改革政策"中的演讲，2013 年 11 月 17 日。

林毅夫、刘志强：《中国的财政分权与经济增长》，《北京大学学报》（哲学社会科学版）2000 年第 4 期。

刘秉镰、武鹏、刘玉梅：《交通基础设施与中国全要素生产率增长——基于省域数据的空间面板计量分析》，《中国工业经济》2010 年第 3 期。

刘承礼：《中国式财政分权的解释逻辑从理论述评到实践推演》，《经济学家》2011 年第 7 期。

刘承礼：《当代中国地方政府行为的新制度经济学分析》，《天津社会科学》2009 年第 1 期。

刘灿：《经济自由主义和国家干预：一个基于经济思想史的理论回顾》，《福建论坛》（人文社会科学版）2009 年第 12 期。

刘春、孙亮：《薪酬差距与企业绩效：来自国企上市公司的经验证据》，《南开管理评论》2010 年第 2 期。

刘琳：《房租收入对劳动力供给的影响》，《财经科学》2017 年第 9 期。

刘强：《双重属性框架下中国地方政府经济行为研究》，博士学位论文，厦门大学，2007 年。

刘江华、邵帅、姜欣：《城市化进程对能源消费的影响：我们离世界水平还有多远？——基于国内和国际数据的比较考察》，《财经研究》2015 年第 2 期。

刘瑞明：《晋升激励、产业同构与地方保护：一个基于政治控制权收益的解释》，《南方经济》2007 年第 6 期。

刘生龙、胡鞍钢：《基础设施与中国区域经济一体化》，《经济研究》2011 年第 3 期。

刘新民、王垒：《上市公司高管更替模式对企业绩效的影响》，《南开管理评论》2012 年第 2 期。

刘晓路：《财政分权与经济增长：第二代财政分权理论》，《财贸经济》2007 年第 3 期。

刘晓欣、贾庆英:《房地产业价格变动对物价的影响——国际比较及启示》,《现代财经》2014年第8期。

刘修岩、陈至人:《所有制影响企业从集聚中获得的收益吗?——来自中国制造业微观企业层面数据的证据》,《世界经济文汇》2012年第4期。

刘毅、兰剑:《战后日本经济改革的现实意义》,《日本研究》2008年第2期。

娄成武、董鹏:《供给侧结构性改革视野下的简政放权》,《探索》2016年第4期。

娄成武、董鹏:《中国政府改革的逻辑理路——从简政放权到供给侧改革》,《贵州社会科学》2016年第7期。

娄晓黎:《从东亚、拉美国家宏观政策调整看发展中国家现代化进程中政府干预问题》,《吉林财税高等专科学校学报》2003年第2期。

陆旸、蔡昉:《从人口红利到改革红利:基于中国潜在增长率的模拟》,《世界经济》2016年第1期。

陆慧、张瑛:《"民工荒""涨薪潮"现象的原因与应对策略:基于人力资源管理的视角》,《理论探讨》2016年第5期。

毛其淋、盛斌:《对外经济开放、区域市场整合与全要素生产率》,《经济学(季刊)》2011年第1期。

毛其淋:《国内市场一体化与中国出口技术水平——基于金融发展视角的理论与实证研究》,《世界经济文汇》2012年第3期。

缪仕国:《物价稳定与房价:货币政策视角》,《当代经济科学》2011年第4期。

莫恭明:《供给侧改革下的地方政府管理重心转向》,《行政管理改革》2016年第7期。

聂辉华、江艇、杨汝岱:《中国工业企业数据库的使用现状和潜在问题》,《世界经济》2012年第5期。

庞明川:《中央与地方政府间博弈的形成机理及其演进》,《财经问题研究》2004年第12期。

彭晓宇:《东亚模式与中国模式》,《国外理论动态》2013年第5期。

齐绍洲、云波、李锴:《中国经济增长与能源消费强度差异的收敛性及机理分析》,《经济研究》2009年第4期。

乔宝云、范剑勇、冯兴元:《中国的财政分权与小学义务教育》,《中国社会科学》2005年第6期。

屈小博、程杰：《劳动力供给转变与资源配置效率的关联度》，《改革》2017年第3期。

阮萌、杨海水：《日本产业政策演变的阶段、特征及其启示》，《开放导报》2005年第4期。

单豪杰：《中国资本存量K的再估算：1952—2006年》，《数量经济技术经济研究》2008年第10期。

邵敏、包群：《外资进入与国内工资差异：基于工业行业面板数据的联立估计》，《统计研究》2010年第4期。

邵敏、黄玖立：《外资与我国劳动收入份额——基于工业行业的经验研究》，《经济学》（季刊）2010年第4期。

邵敏、刘重力：《外资进入与技能溢价——兼论我国FDI技术外溢的偏向性》，《世界经济研究》2011年第1期。

沈静：《东亚模式与东亚经济》，《财经研究》1999年第4期。

沈坤荣、付文林：《中国的财政分权制度与地区经济增长》，《管理世界》2005年第1期。

沈煜、丁守海：《论工资对劳动供给影响的弱化——基于家庭贫富状况的比较》，《中央财经大学学报》2017年第5期。

世界银行：《1999/2000年世界发展报告》（中文版），中国财政经济出版社2000年版。

孙晓华、郭玉娇、周玲玲：《经济一体化、地方保护主义与地区专业化》，《中南财经政法大学学报》2013年第1期。

孙秀林、周飞舟：《土地财政与分税制：一个实证解释》，《中国社会科学》2013年第4期。

孙燕铭：《政府干预在东北亚经济发展中的作用——基于韩国政府与企业关系的思考》，《国际经济合作》2010年第6期。

孙宁华：《经济转型时期中央政府与地方政府的经济博弈》，《管理世界》2001年第3期。

陶然、陆曦、苏福兵、汪晖：《地区竞争格局下的中国转轨：财政激励和发展模式反思》，《经济研究》2009年第7期。

陶然、苏福兵、陆曦、朱昱铭：《经济增长能够带来晋升吗？——对晋升锦标竞赛理论的逻辑挑战与省级实证重估》，《管理世界》2010年第

12 期。

王凤荣、董法民：《地方政府竞争与中国的区域市场整合机制——中国式分权框架下的地区专业化研究》，《山东大学学报》（哲学社会科学版）2013 年第 3 期。

王海港、李实、刘京军：《城镇居民教育收益率的地区差异及其解释》，《经济研究》2007 年第 8 期。

王世磊、张军：《中国地方官员为什么要改善基础设施？——一个关于官员激励机制的模型》，《经济学》（季刊）2008 年第 2 期。

王小斌、邵燕斐：《城镇化对能源消费和二氧化碳排放的影响——基于 1995—2011 年中国省级面板数据的实证研究》，《技术经济》2014 年第 5 期。

王燕武、王俊海：《地方政府行为与地区产业结构趋同的理论及实证分析》，《南开经济研究》2009 年第 4 期。

王志华、陈圻：《测度长三角制造业同构的几种方法——基于时间序列的数据分析》，《产业经济研究》2006 年第 4 期。

王曙光：《奇迹建构与神话解构——以转型期中国的眼光看日本经济腾飞与萧条》，《北京大学学报（哲学社会科学版）》1998 年第 6 期。

王贤彬、徐现祥：《地方官员来源、去向、任期与经济增长》，《管理世界》2008 年第 3 期。

王裕国：《东亚模式并未过时》，《经济学家》1998 年第 6 期。

文雁兵：《中国经济发展中政府行为及作用研究》，《社会科学战线》2017 年第 7 期。

吴炳辉、何建敏：《中国土地财政的发展脉络、影响效应及改革方向》，《经济管理》2015 年第 3 期。

吴伟平、章元、刘乃全：《房价与女性劳动参与决策——来自 CHNS 数据的证据》，《经济学动态》2016 年第 11 期。

席鹏辉、梁若冰、谢贞发、苏国灿：《财政压力、产能过剩与供给侧改革》，《经济研究》2017 年第 9 期。

谢建国、姜珮珊：《中国进出口贸易隐含能源消耗的测算与分解——基于投入产出模型的分析》，《经济学》（季刊）2014 年第 4 期。

谢千里、罗斯基、张轶凡：《中国工业生产率的增长与收敛》，《经济学》（季刊）2008 年第 3 期。

徐建军、汪浩瀚:《中国对外贸易和金融深化对全要素生产率的动态影响——基于状态空间模型的时变参数分析》,《国际贸易问题》2009年第6期。

许经勇:《从赶超型发展战略视野反思供给侧结构性改革》,《东南学术》2017年第1期。

徐现祥、王贤彬:《晋升激励与经济增长:来自中国省级官员的证据》,《世界经济》2010年第2期。

徐永胜、乔宝云:《财政分权度的衡量:理论及中国1985—2007年的经验分析》,《经济研究》2012年第10期。

许召元、李善同:《近年来中国地区差距的变化趋势》,《经济研究》2006年第7期。

杨元泽、赵会玉:《地方政府竞争提高了经济效率么?基于省级面板数据的经验研究》,《北京理工大学学报》(社会科学版)2010年第5期。

杨宝剑、杨宝利:《委托代理视角下政府间纵向竞争机制与行为研究》,《中央财经大学学报》2013年第2期。

杨典:《公司治理与企业绩效——基于中国经验的社会学分析》,《中国社会科学》2013年第1期。

杨海水:《地方政府竞争理论的发展述评》,《经济学动态》2004年第10期。

尹朝安:《19世纪中后期德国经济的发展与制度创新》,《德国研究》2013年第1期。

姚洋、张牧扬:《官员绩效与晋升锦标赛——来自城市数据的证据》,《经济研究》2013年第1期。

于东山、娄成武:《中国地方政府竞争理论研究的缘起、现状与展望》,《东北大学学报》(社会科学版)2010年第4期。

郁建兴、高翔:《地方发展型政府的行为逻辑及制度基础》,《中国社会科学》2012年第5期。

余顺坤、武晓龙:《经济转型时期地方政府职能如何转变,怎么定位》,《人民论坛》2017年第5期。

张杰、张培丽、黄泰岩:《市场分割推动了中国企业出口吗?》,《经济研究》2010年第8期。

张晔、刘志彪:《产业趋同:地方官员行为的经济学分析》,《经济学家》2005 年第 6 期。

周飞舟：《分税制十年：制度及其影响》，《中国社会科学》2006 年第 6 期。

周飞舟：《大兴土木：土地财政与地方政府行为》，《经济社会体制比较》2010 年第 3 期。

周劲、付保宗：《"产能过剩"中的政府"补位"与"退位"》，《中国经贸导刊》2010 年第 18 期。

周业樑、盛文军：《转轨时期我国产能过剩的成因解析及政策选择》，《金融研究》2007 年第 2 期。

张浩然、衣保中：《基础设施、空间溢出与区域全要素生产率——基于中国 266 个城市空间面板杜宾模型的经验研究》，《经济学家》2012 年第 2 期。

张莉、何晶、马润泓：《房价如何影响劳动力流动》，《经济研究》2017 年第 8 期。

张军、高远、傅勇、张弘：《中国为什么拥有了良好的基础设施》，《经济研究》2007 年第 3 期。

张卫国、任燕燕、花小安：《地方政府投资行为对经济长期增长的影响》，《中国工业经济》2010 年第 8 期。

章文光、覃朝霞：《地方政府经济行为变异问题研究》，《北京师范大学学报》（社会科学版）2010 年第 3 期。

张志元、马雷：《经济金融发展视野的政府与市场关系再定位》，《改革》2014 年第 1 期。

张述存：《依法规范中央与地方关系推动地方政府治理现代化》，《中国行政管理》2016 年第 5 期。

张学本、战浩：《供给侧改革中的地方政府职能转变路径选择分析》，《理论界》2017 年第 5 期。

张志红：《当代中国政府间纵向关系研究》，天津人民出版社 2005 年版。

曾淑婉：《财政支出、空间溢出与全要素生产率增长——基于动态空间面板模型的实证研究》，《财贸研究》2013 年第 1 期。

周飞舟：《分税制十年：制度及其影响》，《中国社会科学》2006 年第 6 期。

周飞舟：《大兴土木：土地财政与地方政府行为》，《经济社会体制比较》2010年第3期。

周飞舟：《生财有道：土地开发和转让中的政府和农民》，《社会学研究》2007年第1期。

周黎安：《晋升博弈中的政府官员的激励与合作——兼论我国地方保护主义和重复建设问题长期存在的原因》，《经济研究》2004年第6期。

周黎安：《中国地方官员的晋升锦标赛模式研究》，《经济研究》2007年第7期。

周黎安：《地方政府改革不能只在收放权上绕圈子》，《中国青年报》2013年11月29日第7版。

周燕：《"供给侧改革"中的政府边界研究——兼论县际竞争与产业政策》，《学术研究》2017年第7期。

周业安：《地方政府竞争与经济增长》，《中国人民大学学报》2003年第1期。

周中胜：《国外财政分权理论研究的进展与启示》，《国外社会科学》2011年第3期。

朱光磊：《全面深化改革进程中的中国新治理观》，《中国社会科学》2017年第4期。

朱玉明：《转型期多重利益驱动下的地方政府行为研究》，博士学位论文，山东大学，2006年。

朱之鑫：《全面正确履行政府职能》，《求是》2013年第22期。

查尔斯·沃尔夫：《市场，还是政府——不完善的可选事物间的抉择》，重庆出版社2007年第一版。

哈罗德·福克纳：《美国经济史》（下），王锟译，商务印书馆1964年版。

《马克思恩格斯全集》（第一卷），人民出版社1995年版。

约瑟夫·斯蒂格利茨：《新自由主义的终结》，《东方早报》2008年7月12日。

植草益等：《日本的产业组织理论与实证的前沿》，锁箭译，经济管理出版社2000年版。

Abrevaya, J. and Dahl, C. M. The Effects of Birth Inputs on Birthweight: Evidence from Quantile Estimation on Panel Data [J]. Journal of Business and

Economic Statistics, 2008, 26 (4): 379-397.

Adamopoulos, T. Transportation Costs, Agricultural Productivity, and Cross-country Income Differences [J]. International Economic Review, 2011, 52 (2): 489-521.

Alboher, M. One Person/Multiple Careers: A New Model for Work/Life Success [M]. Warner Business Books New York, 2007.

Anselin, L. and Rey, S. Properties of Tests for Spatial Dependence in Linear Regression Models [J]. Geographical Analysis, 1991, 23 (2): 112-131.

Anselin, L., Florax, R. and Rey, S. J. Advanced in Spatial Econometrics: Methodology, Tools and Applications [M]. Berlin: Springer Verlag, 2004.

Astorga, P. A Century of Economic Growth in Latin America [J]. Journal of Development Economics, 2010, 92: 232-243.

Atalay, K. Barrett, G. and Edwards, F. Housing Wealth Effects on Labour Supply: Evidence from Australia [R]. Mimeo, University of Sydney, 2016.

Bache, S. H., Dahl, C. M. and Kristensen, J. T. Headlights on Tobacco Road to Low Birthweight Outcomes: Evidence from a Battery of Quantile Regression Estimators and a Heterogeneous Panel [J]. Empirical Economics, 2013, 44 (3): 1593-1633.

Berle, A. A. and Means, G. C. The Modern Corporation and Private Property [M]. New York: The Mac-millan Company, 1932.

Blanchard, O. and Shleifer, A. Federalism with and without Political Centralization: China versus Russia [J]. IMF Staff Papers, 2001, 48: 171-179.

Blanco, L. and Grier, R. Natural Resource Dependence and the Accumulation of Physical and Human Capital in Latin America [J]. Resources Policy, 2012, 37: 281-295.

Breton, A. Competitive Governments. An Economic Theory of Politic Finance [M]. Cambridge; New York: Cambridge University Press, 1996.

Campbell, J. Y. and Cocco, J. F. How do Hous Prices Affect Consumption? Evidence from Micro Data [J]. Journal of Monetary Economics, 2007, 54 (3): 591-621.

Carey, H. The Harmony of Interests [M]. Philadelphia: Skinner, 1851.

Chen, Y., Li, H. B. and Zhou, L. A. Relative Performance Evaluation and the Turnover of Provincial Leaders in China [J]. Economics Letters, 2005, 88 (3): 421-425.

Demurger S. Infrastructure Development and Economic Growth: An Explanation for Regional Disparities in China [J]. Journal of Comparative Economics, 2001, 29 (1): 95-117.

Disney, R. andGathergood, J. House Prices, Wealth Effects and Labour Supply [R]. CFS Working Paper Series, 2016, No. 556.

Driscoll, J. C. andKraay A. C. Consistent Covariance Matrix Estimation with Spatially Dependent Panel Data [J]. Review of Economics and Statistics, 1998, 80 (4): 549-560.

Edwards, S. Protectionism and Latin American's Historical Economic Decline [J]. Journal of Policy Modeling, 2009, 31: 573-584.

Edwards, S. Why are Latin America's Savings Rates so Low? An International Comparative Analysis [J]. Journal of Development Economics, 1996, 51: 5-44.

Ehrenberg, R. G., Ronald, R. S. and Smith R. Modern Labor Economics: Theory and Public Policy [M]. New Jersey: Prentice Hall Press, 2000.

Ellison, G. andGlaeser, E. The Geographic Concentration of Industry: Does Natural Advantage Explain Agglomeration? [J]. American Economic Review, 1999, 89 (2): 311-316.

Epple, D. and Zelentitz, A. The Implications of Among Jurisdictions: Does Tiebout Need Politics? [J]. The Journal of Political Economy, 1981, 89 (6): 1197-1217.

Fare, R., Grosskopf, S., Norris, M. and Zhang, Z. Productivity Growth, Technical Progress, and Efficiency Change in Industrialized Countries [J]. The American Economic Review, 1994, 84 (1): 66-83.

Fedderke, J. W. Infrastructure and Growth in South Africa: Direct and Indirect Productivity Impacts of 19 Infrastructure Measures [J]. World Development, 2009, 37 (9): 1522-1539.

Frankel, J. and Romer, D. Does Trade Cause Growth [J]. American Economic Review, 1999, 89 (3): 379-399.

Haggett, P. Locational Analysis in Human Geography [M]. New York: St.

Martin's Press, 1966.

Hansen, B. E. Sample Splitting and Threshold Estimation [J]. Econometrica, 2000, 68 (3): 573-603.

Hansen, B. E. Threshold Effects in Non-Dynamic Panels: Estimation, Testing, and Inference [J]. Journal of Econometrics, 1999, 93: 345-368.

Hanushek, E. A. and Woessmann, L. Schooling, Educational Achievement, and the Latin American Growth Puzzle [J]. Journal of Development Economics, 2012, 99: 497-512.

Hoover, E. M. The Measurement of Industrial Localization [J]. Review of Economics and Statistics, 1936, (18): 162-171.

Hox, J. J. Multilevel Analysis: Techniques and Applications [M]. Erlbaum: New Jersey. 2002.

Huber, B. Tax Competition and Tax Coordination in an Optimum Income Tax Model [J]. Journal of Public Economics, 1999, (71): 441-458.

Hudson, M. America's Protectionist Takeoff 1815-1914: The Neglected American School of Political Economy [M], Hirschbach: ISLET, 2010.

Jin, H. H., Qian, Y. Y. and Weingast B. R. Regional Decentralization and Fiscal Incentives: Federalism, Chinese Style [J]. Journal of Public Economics, 2005, 89: 1719-1742.

Jone, P. D. An Economic History of the United States since 1783 [M]. London: Routledge, 1956.

Koenker, R. and Bassett, G. Regression Quantiles [J]. Econometrica, 1978, 46 (1): 33-50.

Koenker, R. Quantile Regression for Longitudinal Data [J]. Journal of Multivariate Analysis, 2004, (91): 74-89.

Lee, K. Tax Competition with Imperfectly Mobile Capital [J]. Journal of Urban Economics, 1997, (42): 222-242.

Lesage, J. and Pace, R. K. Introduction to Spatial Econometrics [M]. Boca Raton: CRS Press, 2009.

Li, H. B. and Zhou, L. A. Political Turnover and Economic Performance: The Incentive Role of Personnel Control in China [J]. Journal of Public Economics, 2005, 89: 1743-1762.

Maskin, E., Qian, Y. Y. and Xu, C. G. Incentives, Information, and Organizational Form [J]. Review of Economic Studies, 2000, 67 (2): 359-378.

Mckinnon, R. I. EMU as a Device for Collective Fiscal Retrenchment [J]. American Economic Review, 1997, 87 (2): 227-229.

Mei, C. Q. Brings the Politics Back in: Political Incentive and Policy Distortion in China [D]. University of Maryland, 2009.

Milosch, J. House Price Shocks and Labour Supply Changes [R]. Mimeo, California state University, 2016.

Montinola, G., Qian, Y. Y. and Weingast, B. R. Federalism, Chinese Style: The Political Basis for Economic Success in China [J]. World Politics, 1995, 48 (1): 50-81.

Musgrave, R. A. The Theory of Public Finance [M]. New York: McGraw-Hill, 1959.

Oates, W. E. Fiscal Federalism [M]. New York: Harcourt Brace Jovanovich, 1972.

Poncet, S. Domestic Market Fragmentation and Economic Growth in China [R]. Mimeo, CERDI, France, 2003.

Qian, Y. Y. and Roland, G. Federalism and the Soft Budget Constraint [J]. American Economic Review, 1998, 88 (5): 1143-1162.

Qian, Y. Y. andWeingast, B. R. Federalism as a Commitment to Preserving Market Incentives [J]. Journal of Economic Perspectives, 1997, (11): 83-92.

Qian, Y. Y. andWeingast, B. R. Federalism as a Commitment to Preserving Market Incentives [J]. The Journal of Economic Perspectives, 1997, 11 (4): 83-92.

Qi, J. C. Fiscal Reform and the Economic Foundation of Local State Corporatism in China [J]. World Politics, 1992, 45 (1): 100-101.

Qi, J. C. Rural China Takes Off: Institutional Foundations of Economic Reform [M]. Berkeley: University of California Press, 1999.

Sen, S., Kasibhatla, K. M. and Stewart, D. B. Debt Overhang and Economic Growth--the Asian and the Latin American Experiences [J]. Economic Systems, 2007, (31): 3-11.

Sharma, C. and Sehgal, S. Impact of Infrastructure on Output, Productivity and Efficiency: Evidence from the Indian Manufacturing Industry [J] Indian Growth and Development Review, 2010, 3 (2): 100-121.

Stiglitz, J. E. Some Lessons from the East Asian Miracle [J]. The World Bank Research Observer, 1996, (8): 153-155.

Tiebout, C. M. A Pure Theory of Local Expenditures [J]. Journal of Political Economy, 1956, (65): 116-424.

Tsui, K. and Wang, Y. Between Separate Stoves and a Single Menu [J]. China Quarterly, 2004, 177: 71-90.

Wald, A. G. Local Governments as Industrial Firms: An Organizational Analysis of China's Transitional Economy [J]. American Sociological Review, 1995, 101: 263-301.

Wank, D. L. The Institutional Process of MarketClientialism: Guanxi and Private Business in South China city [J]. The China Quarterly, 1996, (147): 820-838.

Weingast, B. R. The Economic Role of Political Institutions: Market-Preserving Federalism and Economic Development [J]. Journal of Law, Economics &Organization, 1995, 11 (1): 1-31.

Weingast, B. R. The Economic Role of Political Institutions: Market Preserving, Federalism and Economic Growth, Journal of Law [J]. Economics and Organization, 1995, 11 (1): 1-31.

Wheeler, D. and Moddy, A. International Investment Location Decisions: The Case of US Firms [J]. Journal of International Economics, 1992, (33): 57-76.

Wilson, J. D. andWildasin, D. E. Tax Competition: Bane or Boon? [J]. Working Paper, Department of Economics, Michigan State University, 2001.

Wooldrige, J M. Econometric Analysis of Cross Section and Panel Data [M]. Cambrideg: MIT press, 2002.

Young, A. The Razor's Edge: Distortions and Incremental Reform in the People's Republic of China [J]. The Quarterly Journal of Economics, 2000, 115 (4): 1091-1135.

Zhang, C. Y. and Feng, G. L. More Wealth, Less Leisure? Effect of Housing Wealth on Tourism Expenditure in China [J]. Tourism Economics, 2018, 24 (5): 526-540.

Zhang, X. B. Fiscal Decentralization and Political Centralization in China: Implications for Growth and Inequality [J]. Journal of Comparative Economics, 2006, 34 (4): 713-726.

Zhuravskaya, E. V. Incentives to Provide Local Public Goods Fiscal Federalism, Russian Style [J]. Journal of Public Economics, 2000, 76: 337-368.

Zodrow, G. R. and Mieszkowski, P. Pigou, Tiebout, Property Taxation, and the Under provision of Local Public Goods [J]. Journal of Urban Economics, 1986, (19): 356-370.